異鄉港孩

願歸來仍是少年

30個移民家庭的教養歷險記

希望學編輯團隊 編著

希望學

相片由洪盛興提供

我覺得這是離散時代一本重要紀錄。

對於離開了的人，它提供一種心靈慰藉，因為裡面有其他移居者活生生的苦與樂，必能找到共鳴；

對於掙扎著想離開的人，有別於海外升學指南或置業資訊，它提供一種深層的分享，為「移民」

這個概念注入更清晰的解讀和預想；對於留下來的人，它也牽出不少情感和反思，因為都是我們

的朋友，都是香港的故事。

——著名劇作家 **莊梅岩**

目錄

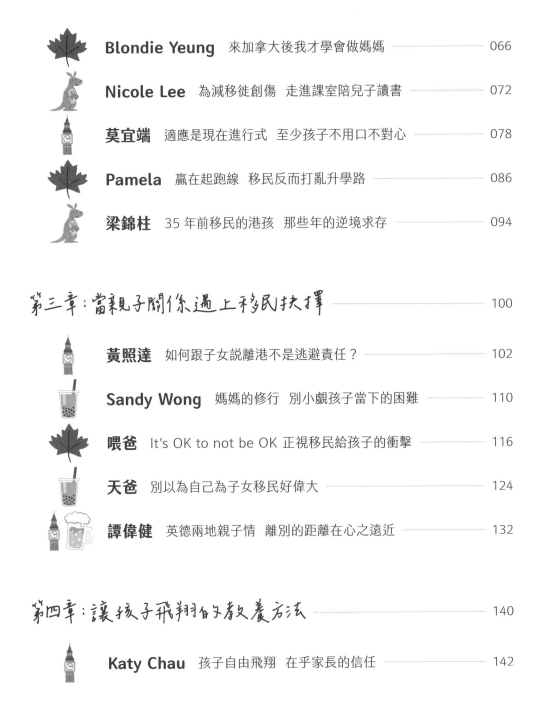

李立峯
香港中文大學新聞
及傳播學院教授

2019後時代
香港離散社群形成之記錄

像我這個世代的香港人，在很年輕的時候就經歷過一次移民潮。到機場送機，是關於那些年的回憶之一。後來，自己甚至也跟隨家人「著陸」過溫哥華。雖然基於各種各樣原因，自己最後沒有完成移民程序，沒有拿到外國護照，但出身「移民家庭」，令我覺得所謂去留問題，是沒有甚麼好爭論的。移民說到底是個人選擇，而影響這選擇的因素有很多，根據一種坊間智慧，其中一個最重要的因素，是這個家庭有沒有孩子。

1997年，黃子華在棟篤笑《秋前算帳》裡說，對抗暴政的最佳方法，是所有人一起不生孩子，「過幾年睇吓你揾咩人嚟統治」。同時，若果大家沒有下一代，可能大家都不需要移民。「孩子的存在增加人們的移民意欲」就像一個學術研究裡的假設，而這假設有沒有實證支持的呢？答案是有的。去年出版的一篇關於2020年後香港移民潮的學術研究就指出，整體而言，在2019年社會運動時參與得愈深的香港人，移民意欲一般是較低的，大概是因為他們對香港的情感投入較高。但若果一位運動參與者本身是家長的話，其移民意欲就會特別高*。對很多香港人來說，移民的確有「為了下一代」的意味。

不過，「為了下一代」這說法有點籠統，養育子女本身就不是一件簡單的事情，而把孩子帶到外地之後，如何在一個不一樣的社會文化中養育孩子長大？在不同國家中，香港移民會面對甚麼不同的狀況和挑戰？我個人很感興趣的問題是，移居外地的香港家長，會希望孩子記得自己香港人的身份？希望他們在移居地落地生根？抑或希望他們成為隨意遊走全球的世界公民？隨著過去兩三年和仍然在持續之中的移民潮，一個新的香港離散社群正開始成形，但未來的香港離散社群到底會發展出甚麼樣的特徵，會受到上述問題的答案所影響。

本書收錄了共30個故事，包括了移居到美國、英國、加拿大、澳洲、台灣，

甚至日本和個別東南亞國家的家庭。我們可以看到移民經歷的多元性和複雜性。每一個篇章都是一個獨特的,有血有肉的人物專訪。但在每一章的最後部分,每位受訪者及其小孩也會回答同一系列的問題,談論他們如何看待香港人的身份,想念香港的甚麼東西等等。在當下的時空,這本書所提供的故事和受訪者對各種問題所表達的看法,組成了一個很有意義的時代記錄。

*Lui, L., Sun, K. C. Y., & Hsiao, Y. (2022). How families affect aspirational migration amidst political insecurity: The case of Hong Kong. Population, Space and Place, 28(4), e2528.

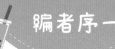
這是香港孩子的世界
也是世界的香港孩子

來台至今兩年多。在台生活一周年時，另一半跟我做了一個訪問。他問我：「移台一周年，過得還好嗎？」要知道台灣的「還好」，跟香港的「還好」，其實有不同涵義。前者是代表「不好」，後者是「還不錯」的意思。這就是儘管同樣使用繁體中文，也會發生文化差異的一例。

當時的我回答：「如果來了一年都不能適應，那適應能力也未免太低了。」但其實，正如莫宜端在本書的訪問所言：「所謂的適應其實是不斷的『-ing』（現在進行式）。」本來是無飯媽媽的我，跟很多本書中的家長一樣，在香港時一直把家務外判。若不是到外地生活，也不會體會到，從前的香港是一個多麼有利於我們投入工作、追尋理想的地方。當然，這是從前。

剛開始在台灣生活，最考起我的便是處理家頭細務，過往在公司工作，管理幾十人的團隊也沒有問題，小小一個家又怎會難倒我。但現實不是這樣，一個不受控的「無尾飛堶」隊友，一個愛管人的倔強大女兒雪雪，再加一個無定向的坐不定妹妹雪糕，她們似乎每日都用生活挑戰我的教育方法。

一場運動、一場疫症，翻天覆地的改變了我們的生活。過往計劃的一切，都趕不上變化。當年肚中懷著雪糕時，就重新走入校園修讀兒童與家庭教育課程，經過了兩年的三職生活（上班、讀書、照顧孩子），算是結合理論與實踐，

找到一些育兒秘訣。那時在報章雜誌分享教養資訊，也帶著 Dean's List 與最佳論文畢業，以為在育兒路上也算成功走出自己的路。

移民的生活卻告訴我，教養的路還很漫長，離開香港的一刻，就重新學習吧！

當日一打二跟兩個孩子在隔離酒店足不出戶困 15 天，是人生一大挑戰。還記得隔離時每天會跟本書受訪者喂爸太太一樣，特別「為孩子制定每天的任務表，完成一個活動循環，就消磨了三小時」，只有在這樣的精密安排下，我才得以在斗室內生存下去。但真正的挑戰，是隔離後才開始的。

每天的柴米油鹽生活大小事，都足以令人勾起鄉愁。小至到街市買餸找菜心，大至替孩子找合適的學校，本來在自己的地方，都是易如反掌的事，但在這裡，怎麼就這樣艱難？無怪乎書中的家長都說，哭，都是發生在廚房。味覺觸發的思鄉之情，是突然來襲的。

曾以為自己有耐性，脾氣不算差；初來台時接連的情緒失控，才驚覺自己當時心中充滿恐懼，對移民生活並不ready。還記得那時孩子晚上會這樣祈禱：「希望天父令我哋會乖乖，媽咪唔會嬲嬲發脾氣。」這是雪雪、雪糕出世以來，未曾說過的話。

孩子的話，從來都是我們的鏡子，謝謝你們讓我反思自己的不足。我心中明白，其實他們沒有變壞，只是我壓力

爆煲錯怪了她們。畢竟在人生路不熟的地方，就會經歷孤單彷徨。感謝在台灣遇到的大家，給了我們一家很多溫暖的支援。

雪雪是慢熱內向的孩子，每到一個陌生地方，都要 warm up 很久，才會開口說話。替她找學校從來不容易，尤其是以面試來決定收生的，她都有先天劣勢。來到新地方，她更是步步為營。剛好來台時碰上寒假，那就乾脆好好地玩一個月，才開始找學校。

剛巧在家附近路過一間規模很小的蒙特梭利實驗學校，受過蒙特梭利教師訓練的我，心想既然都已經離開 comfort zone，那就放手讓孩子嘗試這一年的實驗之旅吧。那年，她每周也跟學校去 outing，每月都會行山，有時更會去攀石、划獨木舟與浮潛。對膽小的雪雪來

說，這些都是在香港不能想像的事。

全校只有 20 名學生，雖是混齡教學，但教與學也很針對性。雪雪喜歡花，老師就讓她研究花的每個部分，pistil、corolla、ovule、calyx 等字詞對 6 歲的她來說絕不陌生。她愛算術，老師就用教具與她玩加減數以外，再做乘除法，分數加減更是她的上學日常。

以往在港過三職生活，只有機會看到在家中的那個她。第一年在

台生活，我有更多時間跟她一起走進實驗室，看到她在這個小而美的校園建立起自信，每天在創作自己的作品：畫花、織手繩、寫故事，然後帶著這些小禮物回家送我，感恩有這樣重新認識她的機會，讓她「用作品說話」。驚喜的還有這個小小校園的學生，都來自五湖四海。除台灣以外，還有美國、德國、比利時、以色列、新加坡、馬來西亞的同學。現在雪雪很習慣 11 月會跟同學過感恩節吃火雞，也知道猶太人光明節的由來，這就是孩子間的文化交流。

除了幸運的經歷，當然也有沮喪的時刻。初來台時，雪糕只有 4 歲，未到雪雪就讀的那所小學之入學年齡，於是

替她找了另一所蒙特梭利學校。剛上學就遇到一大難題，原來台灣不少早年建築物渠管設計容易淤塞，於是老師規定廁紙只能丟在垃圾桶，不能放進馬桶，這當然顛覆了我們的衛生概念。對小孩子來說，如廁習慣更不是一時三刻能改變的，甚至比轉換語言還要困難。因為廁紙問題，雪糕被老師訓斥過好幾次。所以移民初期的校園生活，對雪糕來說並不享受。倒是兩個月後台灣疫情升溫，被迫留家上課，在網課中（因為不用上學校廁所），我才看到她的笑容重新回來。因為廁所而轉校，可能大家會笑這是很港女（媽？）的行為，但孩子的笑容是騙不了人的。

過往大家都不太會去想移民的問題，視香港為我們的根、我們的家。即使好些人出國留學，還是會回巢。2019年後，很多家庭都要離鄉別井，就是為了讓孩子可以在自由國度落地生根，這是本書受訪者護士長 Joyce 的心聲，也是我們的共鳴。

　　書中的父母提醒我，愛是無聲的，不要覺得是自己偉大，放棄了甚麼工作、前途與機會，來換取孩子呼吸的自由空氣。對孩子而言，「其實小朋友是為了你，而離開他熟悉的環境」（本書中天爸就是如此分享道）。她們離開一直覺得安全的被窩、舒適的床與熟悉的家，以及最純真的友誼，跟我們漂流到陌生的環境，這是孩子對我們從沒說出口的愛。離開自己的安舒區，難免帶著憂慮，如何與孩子並肩作戰，是書中父母的共同挑戰。看罷這裡的 30 個家庭故事，你會看到每個父母如何無負孩子的信任，「盡最大努力地去幸福」。

　　今次與希望學團隊一起製作《異鄉港孩》，要感謝的人太多，包括所有受訪家庭、編輯團隊、推薦這書的教授、前輩及友好：香港中文大學新聞與傳播學院李立峯教授、著名作家陳冠中先生、資深時事評論人吳志森先生、電影導演周冠威先生、著名劇作家莊梅岩女士、香港商業電台 DJ 朱薰女士、家長必看的親子 KOL 豬心記者，以及中央通訊社董事長兼著名作家劉克襄先生、繪畫本書封面的插畫家黃照達、協力印刷及銷售的印刷商、發行商及書店，以及願意讀到這裡的你。這書記錄的「是香港孩子的世界，也是世界的香港孩子」。有幸與大家並肩為教育香港的下一代而努力，是我的幸運，也希望這書能作為這時代離散港人的印記。

我是香港人？

第一次認真研究香港人身份，是上大學時看香港亞太研究所的報告。那時從沒想過會有任何身份認同危機，只覺得「香港人」的身份是理所當然。往後的成長經歷，更足以令我為「香港人」的身份而引以為傲。

直至近年看到熟悉的社會變得陌生，是非黑白與普世價值，居然一一改變，我跟大家一樣，成為對這時代看不過眼的家長。唯有用自己的方式去延續重要的事，去年在台灣出版了「童心看世界」系列，教小朋友認識民主、自由與公義這些普世價值。

「借助它陪伴著孩子在世界中看風雨，在風雨中抱緊自由。」這次伴隨著《異鄉港孩》一書，我還寫了新繪本《我是什麼人？》，書中討論的，正是移民下一代的身份認同。希望你的孩子看後會有共鳴。

寫給留下來的人

有很多人很多事，在離開時未及說再見，亦不知道下一次幾時能再見。聽 RubberBand 的〈Ciao〉，一曲道盡心聲。

記得以往在親子講座中，曾分享過「小朋友不是聽我們說該做甚麼，就會做甚麼。只有當我們做到口中所說的，孩子才能學懂箇中意義。」真正化為孩子的信念與行動，是父母如何活出自己的人生。多謝正在堅持的你，令孩子知道即使世上沒有童話，仍有願意堅持做正確事情的人。

說了再見，就會再見。

我們約定再見！

編者序二

謝傲霜
希望學總編輯

如果可以留下
沒太多人真想離開

照片攝於2017年初，沒有人想像到
2023年的香港會變成現在這樣。

最近一直想在，如果我們全部人都沒離開，香港會否不一樣？我們是否錯了？然後腦裡就響起香港電影導演趙崇基在接受本書訪問時說的話：「留下來的人罵我們是逃兵，某程度上是罵得對的，我們真的是逃兵。」然後他無奈地接續道：「但我真的沒辦法，有兩個這麼小的孩子，若我留下來會對不起他們。」或許，這是許多離散港人家庭的心聲吧？

2022 年 2 月 23 日，我獨自帶著當時 5 歲的兒子離開生活了 40 多年的地方，來到台灣展開 COVID 防疫政策下的 14 天酒店隔離。第二天 2022 年 2 月 24 日，俄羅斯入侵烏克蘭，戰爭的炮火在我已恍如敗宇頹垣的內心炸開了一個個大窟窿，可酒店窗外明媚的陽光卻灑照在閒逸的台灣街頭，這個被喻為世界上最危險的地方。

我是以專業移民身份赴台的，但至今仍不知道能否獲批定居，感覺自己拖著孩子仍是走在往世界的旅途上，見步行步，未得安居。選擇台灣，因為這裡是全世界繁體中文書寫創作及出版最繁茂之地，也是有言論自由和民主選舉的地方。且兒子在香港讀過的無牆學校愛童行學園的校長，也曾帶一眾老師來台

灣取經，所以感覺台灣的多元教育也不錯。

當然，另一原因是我沒有 BNO，而當我開始申請赴台時，加拿大救生艇計劃也未公布。況且作為單親媽媽帶著兒子走天涯，總不能毫無親友支援，而我弟弟和堂妹兩家人均已在台生活，如真陷困境也求救有門。不過在台灣生活最大的隱憂仍是戰爭，若定居成功，兒子將來就要當兵，並可能上戰場。雖然大部分台灣人並不真的擔心戰爭，因為自小到老聽了幾十年戰爭都未曾真實發生，可說是被嚇到麻木。去年暑假當四枚導彈飛越台灣上空時，台灣百姓被蒙在鼓裡，繼續過小確幸生活。

來台時，5 歲的兒子飛飛在香港正就讀幼稚園 K3。本來 9 月就要升上小一，但由於飛飛是年底出生的細 B，在

台灣劃一該年 9 月 1 日要滿 6 歲才能升讀國小的學制下，只能降級讀 K2。最初飛飛也有點失落，但由於年紀小，其實不太有因降級而來的挫敗感，所以很快便不放在心上，反而是語言的改變與學校對紀律的要求才帶給他較大的衝擊。

飛飛 2 歲時就入讀愛童行學園，每天就在公園、博物館、沙灘、行山徑上學，或是在火炭工廠大廈裡的教室學烹飪，很是快樂，培養了他活潑好動、喜愛探究的個性。但由於愛童行學園主要在馬鞍山、火炭、沙田一帶上學，而當時我家住美孚，屯馬線、沙中線未開通，一年下來交通往還頗感疲憊，所以 3 歲正式入學時選讀了位於長沙灣的香港基督教服務處李鄭屋幼兒學校。選此校的

另一原因是它提供全日制課程，部分課程採蒙特梭理教學法，我希望老師能協助教飛飛自理，免得在我忙於工作時，被疼愛他的菲律賓褓姆寵壞。

可 2019 年 9 月入學時，正值香港社會運動高峰；幾個月後，COVID 來襲，所以一如其他香港疫下兒童，根本沒怎麼能上課，公園也全數被圍封。由於我身為中學的圖書館主任，正忙於處理裝修後重整圖書館的工作，大部分時間無法 work from home。念及總不能讓孩子終日只與褓姆坐困家中，所以間中仍安排褓姆帶兒子與以前於愛童行學園認識的家庭到戶外學習。因而讓他長得更像一個快樂的野孩子，未料這卻讓他花了好大氣力才能適應移民的轉變。

若說移民帶給孩子衝擊，不如說是轉去一所教育理念和教育方式不同的學校帶給他衝擊。由於來台時我與弟弟一家同住方便互相照顧，所以安排飛飛跟隨僅大他半歲、已在台北入學的表哥讀同一所台灣傳統私立名校幼稚園，以便接送返放學。該校每班有一中一英老師授課，且英文老師不少是 native speaker，在台灣整體學校學生英語能力欠佳的環境中，是不少台北中產家庭爭相入讀的學校。但由於這所傳統私立名校講求紀律，對小朋友的身體動作也有較高要求，所以十足野孩子的飛飛最初入學甚感不適。由在香港時喜歡返學上實體課，更是被校長點名的優材生，變成沒管好自己手腳、時常碰到同學、無

法坐定定的搗亂分子。自我形象急促下滑，且常說：「我不喜歡上學。」

記得一次，飛飛跟我說他被老師罰面牆，頭頂著牆並向前用力，因為他排隊時用頭頂了前面的同學一下；又有一次，他跟同學打架，因為同學笑他，他不懂回應。計劃來台前一年，我已開始安排飛飛學國語，每星期兩課。一年下來，他聆聽能力不錯，也懂基本國語對答，但當怒火上升又無法用母語即時表達，動手動腳是自然反應。台灣學生習慣在發生衝突時告訴老師，由老師裁決是非對錯，所以飛飛成了麻煩學生，增煩添亂。因此當在本書訪問中 Pamela 提及加拿大教育相信幼兒 risky play 和 rough play，認為幼兒可以透過打架過程學懂明白被打的感受和保護自己時，真讓我大開眼界。

一年多過去，升讀小學時可重新選擇。我自然希望替飛飛選一所適合他活潑個性的學校，可是飛飛舅父卻提出了一個問題：「像飛飛這般自由放飛的孩子，究竟應不應該給予較紀律的學習環境，才令他真正學會自律並成長？」他其實也沒有絕對的答案，只是擔心若讓他轉讀強調自由自主學習的實驗學校，可能未必對他最好。我一邊思考此問題，一邊替飛飛找學校，一邊忙於撰寫本書，在眾多離散海外的香港家庭訪問中，似乎找到答案。讀者不妨也在本書中找找看。

飛飛表哥雖只年長他半歲，但由於前文提及的學制問題，他於去年9月已升讀同一所學校的國小一年級，所以我很清楚讓飛飛升讀原校的意思，是要他差不多每個星期也需默書、測驗或考試。而最令我抗拒的，是這名校每一份默書、測驗或考試卷上，都蓋了一個得分比例印章，老師會仔細填寫本卷有多少人100分、90分以上、80至90分、70至80分等等……於是每一張卷，都是一次在與人競爭之下的自我評價。我自己以前是半個學霸，小學全校第二畢業、中學就讀著名女校、A Level 以首志願入讀香港中文大學，但，那又如何？這樣得來的自我肯定，是依仗他人，尤

到訪新北市野柳地質公園，相片中身穿紅衣的飛飛倍感興奮，不斷在岩石間奔跑穿梭，盡情地釋放野孩子的本性。

其上層權力而來的評價；所以我最初入職報館工作時，上司說兩句批評指導的話，我就哭得很傷心。因此我喜歡的，是在本書中黃照達所說，在英國學校老師跟孩子就每一科協定目標，讓孩子慢慢攀升，鞭策學習的競爭心，是源於自己而不是別人。肯定，也是自己給予自己的。

離校是反覆思考後的忍痛選擇，因為雖然台灣有許多不錯的實驗學校，但大部分的地理位置偏遠，沒有校車。我需要為便於接送返放學而獨自帶飛飛搬離現時居所，且這些實驗學校大部分僅有少許或沒有英語課，若入籍台灣不成功需要遷往別的地方時，便可能帶來另一次適應困難。但聽本書中香港藝術家Ivy Ma分享一直沒讓女兒入讀正規實體學校，且帶她在世界流浪的教育經歷，

會讓我覺得自己的擔心實在太多餘。也正如本書中許許多多家長們的分享，父母的陪伴才是最重要的，就連趙崇基也在本書中引述黃子華談及自己的成長經驗時說：「最重要是你有沒有陪伴他。」

本書的每一位受訪者，都真心誠意分享在離散遷徙過程中的育兒智慧，包括我和希望學社長Bonnie共30個家庭，有超過30種的育兒方法。因為每一個孩子都是獨特的，正如本書中香港文化評論人鄧正健在受訪時說，他家三個孩子個性和需要都不盡相同，所以因材施教才最重要。

希望學的宗旨之一是連結香港與離散的香港群體，故我們團隊決定將本書的作者版稅收益，捐予由一群對香港仍有願景的新聞工作者組成的網上媒體「綠豆」（http://greenbean.media），

讓我們一同並肩為教育香港的下一代而努力。本書讓我看到離散及遷徙中的香港家庭面對著許多的不確定與挑戰，但也鍛練了我們下一代的勇氣，並開闊了父母與子女的視野，最後聽到的笑聲總會比抱怨多。我們常説，香港是一個國際化的大都會，而在近年龐大的移民潮下，香港人真實地國際化了。説不定某天，當我們都歸來時，會為香港帶來更豐沛多元的世界觀和環球網絡。願歸來仍是少年。

我是香港人？

　　我於中國出生，未及 3 歲來港，在香港長大生活幾十年，熱愛這城市，還曾編著出版了一本香港文化名人的訪問集《香港情書：我們愛上了一個地方》（1999 年），自然是香港人。也正因為這種愛，移民離港後，近乎患上思鄉病，讀的盡是香港新聞而不是台灣新聞，像活在飄浮異地的氣泡中，這種痛苦與無奈的感覺，促使我想向移居世界各地的「香港人」發問：「你還會覺得自己是香港人嗎？你會希望子女認同自己是香港人嗎？」本書各位受訪者的回應開拓了我的思維和視野，讓我知道在落地與懷鄉之間，可以有許多不同的態度和應對方法；也認識到在面對子女的身份認同問題時，如何在尊重孩子意願與滿足自己期望之間協調取捨。

寫給留下來的人

　　我猜大家走的時候，都有千言萬語想説卻未來得及説吧？像我離開香港的時候，正值香港 COVID 疫情頂峰的開端，限聚令非常嚴，公共場所的聚集限制減至二人，任何私人處所不可以有兩個以上的跨家庭聚會，所以沒安排送別會也沒送機道別。只有我人生的一位摯友及飛飛的褓姆來送，就像千言萬語都被封在口裡心裡。本書的這部分，就正正想彌補這種沉默疏遠的離別，讓離港的人與留港的人重新展開對話。無論你身處何方，若想參與這場對話，歡迎來 Facebook「異鄉港孩 · 希望製造」（https://www.facebook.com/HongKongKids.on.the.move）版面留言，也歡迎在自己的社交媒體 tag 我們和希望學，回應、關懷，甚至反駁受訪者。

　　而我自己最想跟留下來的人説的是：我會回來的！嘆底見！

趙崇基

從大嶼山到渥太華的國際化教育

info

香港著名導演,作品包括《中英街一號》、《三個受傷的警察》等。
2021年7月與太太Denise及當時11歲的大兒子Hayden和4歲的小兒子Ashton從香港大嶼山移居加拿大渥太華。

香港是一個國際大都會,雖然現在的國際化有點變了調,「這次回來,發現中環也沒有甚麼外國人了。」2023年春,趙崇基(Derek)因母親離世回港而有所觀察。

作為英國前殖民地,香港的國際化特色是中西交流薈萃。Derek在孩子出生後,家中原以廣東話溝通,但因決定讓孩子進入大嶼山的國際化幼稚園,同學來自世界各地包括美國、以色列,整家人未移民已轉channel以英語交談,很能反映部分香港中產家庭的國際化一面。

當然，Derek 為兒子選校時，其實與是否國際化無關，而是與能否快樂學習有關。華人的傳統教育模式多以催谷及重複操練為核心，這並非 Derek 心中的理想教育模式。「我和太太都認為自己小時候接受的傳統教育模式令到我們不快樂。我覺得愉快學習這一點很重要。我看書，是因為我喜歡，我不會迫自己看書，若拿起一本書看了幾頁發現寫得差就會丟開。我喜歡看書是因為我在當中找到快樂，那讀書學習是不是應該一樣呢？」Derek 以肯定的語氣反問道。

Derek 與太太 Denise 理念一致，孩子小時候已計劃安排兒子到海外升學，但當時的時間表是在孩子入讀高中甚或大學時才出發；未想到因社會及政治局勢急遽轉變而大幅提早起行。2021 年 7 月離港時，大兒子 Hayden 剛要升中學，小兒子 Ashton 則仍就讀幼兒園。

Denise 年輕時在加拿大讀書，畢業後就入籍加拿大，Derek 自己則畢業於國立臺灣大學外國語文學系，身為當年的

僑生入籍也很容易，加上 1997 年前透過居英權計劃取得英國國籍護照，Derek 一家也可以選擇前往英國，那他們為何最終選了加拿大？「我覺得為小孩子成長著想的話，加拿大真是一個好地方，我來到後也證實了這點。」Derek 說，「加拿大地理環境遼闊，有很多大自然資源，整個國家特別重視小朋友的成長，還有多元文化，是很適合小朋友成長的地方。而且在不同種族的接受程度上比英國更好，因為它實際上是一個移民國家。外來人在可見將來會多於本地人，大家都很開放包容，你完全感受不到自己是一個新移民。」

常看 iPad 也可以學很多

身為香港家長，雖然 Derek 和 Denise 均信奉快樂學習，但真正進入外國教育體系後的心態仍要調適，「見孩子中學放學後每天回來只拿著 iPad，我也掙扎了很久，怎麼回家真的不用做功課？因為在香港見慣了人家孩子可以趕功課到深夜。但後來我發現，原來他們的功課在學校裡已經完成，而且看 iPad 也可以學到很多東西，他會不斷搜尋自己喜歡的知識，變得很有 common sense，甚至乎他問我的很多東西我也已經不懂回答。」Derek 說，他會限制兒子用 iPad 打一些無聊白痴的遊戲，但有意思的就叫他盡量想方法打爆它。

這次回港，Derek 重新見到親友子女的學習狀況，就更肯定自己選對了。「我和家人吃飯，就連像我哥哥那樣保守的人，都看出我兩個孩子在加拿大真的很開心。我哥有個女兒讀書很屬害，但她會說整個中學生涯也不太快樂。我問她為甚麼，她答：『那些學校只有讀得最屬害的那幾個才會受到重視。』」Derek 說在加拿大的學校卻沒有為學生排名次，每個學期老師寫的報告只向家長說明小朋友在學校展露了怎樣的個性、人際交往情況如何、上課時的反應又怎樣。

選讀法語學校讓世界變大

Derek 除拍攝電影外，也是報紙專欄作家，著有《看電影與拍電影》及旅遊隨筆《南美・藍美》。妻子更是前報館記者，執筆維生，說得一口流利國語，但對於中文或中華文化的執著，他們早已放下。「我們也曾考慮要不要迫孩子學中文，但最後我們沒這樣做。因為雖然我會欣賞中國文化優秀的地方，但現代中國文化壞的方面比好的方面更多。」

Derek 說，來到加拿大，這裡的雙語不再是中英雙語，而是英法雙語，由於大兒子 Hayden 過去學習一直以英語為主，自然讓他繼續入讀英語學校，雖然有法語課，「但它就像我們以前小時候學英語一樣」成效不彰。至於小兒子 Ashton 才剛正式入學，在幾經掙扎下 Derek 為他選了法語學校，「但因為我喜歡法國文學，有很多好書是用法文寫成。若能認識多一種語言，世界就會變得大很多。」Derek 說因為家中和加拿大的整體環境也多機會用英語，所以他也不擔心 Ashton 英語能力的發展。

子華神的育兒忠告

身為電視、電影導演，Derek 曾有過許多發展機會，包括當年合拍片興起時北上拍電影，又或 TVB 珍姐（曾勵珍）力邀回巢做監製；但因為大兒子出生，最終他兩者皆沒選，而是進了香港城市大學創意媒體學院任助理教授。「記得那時我跟朋友們聊天，其一是現在大家公認的子華神（黃子華），說他是智者。他當時跟我說：『最重要是你有沒有陪他。』這是他自己的成長經驗。」

熱愛自由鍾情四處闖蕩的 Derek 說，自己年輕時一直很抗拒生兒育女，但「生了你就要負責任」。他認同小孩能否快樂成長，父母是否陪伴在側很重要，所以他選擇了留在兒子身邊。來了加拿大，處於半退休狀態的他，就有更多時間陪伴在孩子身邊。買了一架又再換了一架更大的露營車，帶著孩子享受加拿大的無窮野趣。

「妻子昨天跟朋友見面聊天，說了一句我聽來覺得頗好笑的話，她說：『本來 Derek 不想生孩子，沒想到生了孩子之後，會是一個很稱職的父親。』這事令我頗開心也挺感動，因為我本想著一個人自由自在，不想生孩子那麼多牽絆，但現在是另一種感受。」Derek 回想，若自己孤身一人離開香港，他會選擇英國。因為在文化上較認同歐洲，且可以旅行遊走穿梭歐洲各國，但現在開著露營車一家人在加拿大廣闊無垠的大地上穿州過省也很是愜意，「我喜歡旅行，也喜歡露營，你會覺得很自由，駕車到處去，城市又漂亮，山和海的風景又優美。露營車成為了我們移動的房子，孩子們都很享受，每年都期待著夏天的來臨。」

我是香港人?

我會說自己曾經是香港人,而且因此感到驕傲,也十分喜歡香港,它教了我很多東西。至今我仍對香港有很深的感情,會繼續為香港做一些可以做到的事。但為甚麼還要經常強調自己是甚麼人?即如我們會罵那些移居了西方國家的中國人,有甚麼資格經常強調自己是中國人一樣,若香港人移民到了別國還繼續不斷說自己是香港人、香港人,那兩者有甚麼分別呢?總之我覺得,哪裡有自由,那裡就是我的祖國。

關於香港的離散群體,我覺得任何群體在任何地方都可以繼續存在,只是你走了之後,無論繼續在心靈上、精神上、行動上的支持或支援,對香港本土卻沒有甚麼實質作用。即等於王丹在台灣談中國民主運動,其實你可以做到甚麼呢?

至於小朋友的將來,他們想繼續留在加拿大,或想要去甚麼別的地方、做甚麼人,就由他們自己決定吧!

寫給留下來的人

留下來的人罵我們是逃兵,某程度上是罵得對的,我們真的是逃兵。如果我們要繼續為香港奮鬥,那為甚麼不留下來呢?如果我沒有小孩,我有考慮過留在香港,繼續做一些甚麼或寫一些東西,可能會實際一點。但我真的沒辦法,有兩個這麼小的孩子,若我留下來會對不起他們,因為我不會讓他們在香港接受新香港模式的愛國教育。

❀ 離開時我為孩子帶走了⋯

一大箱 LEGO。來到加拿大,還花了幾千港元另買了八個分類盒子,用了幾天跟大兒子一起將每一粒 LEGO 分門別類,都幾大挑戰,我兒子說一世難忘。

✿ 移居後印象深刻的一幕

小兒子參加了一個 Forest School，每星期會向學校請一天假去上課，課室全部是戶外森林，零下廿幾度照樣在戶外活動，終於有一次凍病了，但依然很喜歡上課，從不缺席。

孩子的留言

1.最想念香港的甚麼？
香港的朋友。（爸爸解釋：始終人最令他們牽掛。）

2.最喜愛現居地的甚麼？
Space（空間）。

3.有沒有一句關於移民的話，想跟其他小朋友說？
Meet some new friends !

✿ 好書推介

《如詩的地毯：喀布爾男孩成長記》

作者：Oais Akbar Omar
出版：網路與書出版

曾國豐

info

在香港時活躍於公民社會，曾任職傳媒、工會、政黨，育有三名兒女，一家人於2021年初移居英國，目前任職於非牟利機構，太太阿多則開了間咖啡店。大兒子吉吉現年12歲，二兒子端端11歲，小女兒孜孜6歲。

逃離吃人制度
從一天 15 份功課到 0 功課

　　香港的教育制度有多「吃人」，相信不止學生親身經歷，很多家長亦有深刻體會。子女吃不消，父母兜著走。眼見孩子快要被吃掉，做父母的會如何抉擇？當然每個教育制度都不會盡善盡美，只可在能力範圍為兒女選擇最合適的。有家長選擇讓他們讀國際或直資學校，亦有決定往外地一試的。

阿豐就是選擇移民的一家。對於移民，他和太太早在 2012 年已開始討論，但一直停留在「口腔期」。然後，大仔吉吉升小學，派了第 16 志願。「可以想像有多麼不想入讀。」於是叩門報讀另一家標榜「關愛」的學校。

正所謂「你嘅良心同我嘅良心都唔一樣」，原來大家對「關愛」都有不同的定義。先是有次天文台預告，颱風可能會星期五吹到香港，於是在星期四，老師就做足準備，為學生預備了 15 份功課迎接長周末。但即使颱風沒吹來，周末過後都要照交。

「小學一年級，入學一兩個月咋喎。」家長先瘋掉。更別說班上竟有老師大發脾氣罵同學，「不抄手冊，即是不想做功課；不做功課，就是不想讀書……」只是寫字慢，未抄完，怎麼就成了老師的出氣袋？

孩子說要死 父母更想死

入學三個月，夫婦倆便決定為吉吉轉校。除了令人瘋掉的老師，也因為兒子幾個月間說了三次「我要死」。

第一次，他是對爸爸說的。當時大家只當他說笑，心想只是小人兒，哪知道甚麼是自殺？第二次是對媽媽說的：「你不教我做功課，即係想我死！」媽媽當時只覺他是情緒勒索，反譏他：「你有九份功課，有九次機會去死。」第三次真的震撼他們，吉吉對工人姐姐說：「我到 16 歲時就會自殺，到時你要回來出席我的喪禮。」

「聽完那刻，我們真的想死。」我們，就是阿豐和阿多。

於是立即為他撲學位轉校，可幸情況有所改善，不過也促使夫婦二人思想

如何逃離這教育環境,所以造就了移英之行。

終於,一家五口 2021 年去了英國一個小鎮。

兩年下來,阿豐覺得最奇怪的是:為甚麼孩子學業都很輕鬆,卻學到很多東西?「我不知道學校用了甚麼方法,但他們真的會跟你分享很多不同範疇的知識,歷史、科學等等,而且認知是深的。」

吉吉去年要考 SATs(編按:英國小學生升中前的評核試),學校特別給家長發電郵,不是提大家替小朋友溫書,而是指學校已幫小孩準備得很好,請父母不要給孩子太大壓力。要相信子女,讓他們正常發揮就可以了。

第二年,輪到弟弟端端考 SATs。有一晚,見到端端在房裡沒有聲響,但燈仍亮著。一開門竟看見他在做功課。問兒子:「你還有功課未做嗎?」

「不是啊,我突然很想做 SATs 的習作。老師說我們想做才做,不做亦可,我現在很想做。」由見到功課想死,到自行說想做題,父母的下巴跌到地上。

在香港活動多多 在英國只有打機

對這裡的學校,唯一的不滿意,是學校太細沒有甚麼課外活動。「明明在英國其他地方居住的朋友,兒女放學不是踢波,就是打 rugby,但我們住小鎮,放學學校就沒有活動,加上又沒有功課,結果小朋友未夠四點回到家就打機。」

還好市政廳有老師教音樂製作,大哥著了迷;小鎮亦有棋會,愛上象棋的二哥可以去跟高手過招;而一向是 drama queen 的妹妹,也順利找到話劇班。

初到埗時孩子要適應,歧視也是一次成長經驗。阿豐一家就是學校裡唯一的非白人家庭,初入學時,同學會問:「你吃不吃蝙蝠、貓和狗?還說你們中國人不是最愛吃這些嗎;又說是你們帶了 COVID 來的,不是嗎?」兄弟倆當時很生氣,回答說:「我是香港人,不是中國人。」不過那些同學似乎又很懂國情地懟回去:「香港不是中國的一部分嗎?」

接著當兩個小男生要去聯校宿營,阿豐就聽見哥哥教弟弟:「如果再有人問你是甚麼人,你說你是亞洲人就好了。」年紀小小,也會找出解決問題的方法。

其實學校是很著緊地看待種族歧視、性別差異等問題。開學不久,就特別安排時間,由老師向學生講解甚麼是多元社會、少數族群以及種族歧視,又請哥哥和弟弟向大家介紹香港,分享香港的地理位置,同講述一下當地是一個怎樣的地方,由此同學就較會用正面的眼光去看「新移民」。「之後就很少聽見他們說再有種族歧視的投訴了。」

除了孩子的成長 還有太太的蛻變

阿多婚後由懷上小朋友開始，就成了全職媽媽。十多年來，做得最多的，就是接送孩子與煮飯。來英半年後，因緣際會接手了 Town Hall（市政廳）的 cafe，搖身一變成為店長，展開一次又一次的新嘗試。她希望孩子好好融入社區。於是自己也身體力行。阿豐笑言太太是「當地的名人」，因為小鎮的人都會來 Town Hall 坐，所以咖啡店成了居民的聚腳店，阿多更曾接受 BBC 電台的訪問。

他們一家希望英國當地人會感受到香港人為當地創造的價值。於是接手咖啡廳以來，積極為當地居民帶來新體驗，舉辦了香港人市集、中樂之夜，甚至做放映會，把在香港看不到的電影、舞台劇找來播放，包括《時代革命》、《5 月 35 日》等。既讓當地人了解香港，也讓在英的港人找到熟悉的「家的感覺」。

阿豐在港時與公民社會緊密並肩；十多年後，由太太在英國以另一種方式接力。用菠蘿包、魚蛋去連繫家人與香港的距離，用味覺去連繫移英香港人的身份認同，更用食物打入英國人的心。

我是香港人？

　　我們不想和香港切割，所以開了咖啡店後，就利用這個空間去連繫香港人和向本地人介紹香港。我們做過放映會，又試過跟香港中樂團的二胡演奏家合辦 Chinese Night；還舉辦了香港街頭小食市集，吸引到 BBC 電台來訪問！

　　阿多表示：「自己英文不好，初時很擔心別人會說香港人的英文那麼難聽，但都盡我所能去講，主持人還讓我說了一句廣東話：『3 月 18 號我哋一齊嚟掃街啦。』我猜香港人在電台聽到廣東話，會是一件很開心的事。」

　　阿多特別提到做《5 月 35 日》放映會，是她刻意想做的，以保持港人對六四的堅持。「因為燭光晚會是我的政治啟蒙。每年我們一家都風雨不改去參加，兩個兒子現在還記得，我們年年『無論雨怎麼打』都要去，但女兒沒有這個經歷。我希望能為下一代，保留多一點回憶。」

寫給留下來的人

　　移民是一個大決定，是一個 *matter of determination*。有決心的話就勇往直前，所有問題都會解決得到。其實去到哪個國度都會遇到挑戰和困難，但如果那個地方是你真的很想留下來，值得留下來的話，這些困難你都可以克服。

　　最後，不要忘記自己是香港人，也不要忘本。

✿ 離開時我為孩子帶走了...

帶了一個雞蛋仔模，因為弟弟愛吃，還有妹妹的玩具，以及一幅香港夜景畫，每次妹妹一看到夜景，就會說「Hong 港」。

✿ 移居後印象深刻的一幕

搬家時妹妹強烈要求我們買一張碌架床給她。雖然碌架床比單人床要貴，我們想了很久，還是買了給她，她表示要留位給同學來過夜 sleepover，結果當然還未曾有人來過。始終她年紀太小了，同學也太小了，還未到可以去朋友家過夜的年紀。

孩子的留言

1.最想念香港的甚麼？

山，因為這裡都是平地；還有在香港的高樓大廈，給同學看香港的照片，他們會說我們是「來自 future city，好 cool」；當然還有香港的夜景、食物、家人與朋友。

2.最喜愛現居地的甚麼？

哥哥最愛這裡給他的空間，他可以創作及做 music production。細佬則最喜歡下棋。

3.有沒有一句關於移民的話，想跟其他小朋友說？

過來很開心，不過你要和你現在的朋友講再見。

✿ 好書推介

《香港遊》

作者：孫心瑜
出版：小魯文化
原因：孩子掛念香港的時候，這本繪本是解思鄉之苦的良伴。

Moon

info

大型非政府組織、慈善機構公關，設有「月亮媽媽美國登綠日誌」Facebook專頁。

2021年最後一屆以美國綠卡抽籤成功移民的香港人，與任職廣告設計的丈夫及三名現齡9歲、7歲（孖生）的女兒移居至北卡羅來納州。

為教育竭力移民
成最後一屆綠卡中籤港人

Moon 一家移民之路始於 2018 年，到處聽收費或免費的移民講座；考過 IELTS 申請加拿大 Express Entry（快速通道移民）；用年半時間申請 Labour Market Impact Assessment（聘請海外僱員許可資格）嘗試到溫哥華創業，成功面試但最終不受理；申請了溫尼伯兩間大學學位，大學收了卻被領事館拒批學簽；及至抽中美國綠卡卻因特朗普的保本土就業行政命令而差點無法移民……

千辛萬苦，為的是希望子女能夠愉快學習、快樂成長。「我女兒讀傳統名校，尤其當大女兒上小學後，見她每天做功課做到恰眼瞓，每天都有九、十樣功課，隔天就默書、測驗，我那時都有拍下她放學回家穿著校服做功課，眼瞓到張開嘴巴就睡著了的照片，還拿著枝筆呢！」Moon 回想也心痛。

其實 Moon 的丈夫早年在香港考過中五會考後，便與哥哥一起往美國留學及工作近十年。「那時他還差兩年就可以拿到美國綠卡，但當時他工作的廣告公司老闆目睹中國改革開放後很多機會，他老闆也是香港人，認為以香港做基地再上北京、上海開辦公室會賺更多，便關閉了美國的辦公室搬回了香港。他當年也有想過離開這公司，在美國另找一份工作，但最後還是決定隨公司回港。唉，當年沒想這麼長遠嘛！」Moon 說，不過丈夫不選擇回港，就不會是她的丈夫了！命運就是如此有趣。「他回香港那一年我剛畢業，去了申請做他公司老闆的秘書，所以有時候我們會像是很甜蜜地跟別人說：『他回港就是為認識我，然後替他生了三個孩子，最後抽到綠卡回去。一個人回來，五個人回去。』很浪漫似的。」Moon 溫暖地笑著說。

現在說得輕鬆，但兩人堅持不聘請工人自己帶孩子，以及籌劃移民的整個歷程實在不易。「我先生做廣告設計，經常加班至 12 時仍未下班，我懷孕時常常自己一個人吃飯，已覺得這樣不行。大女出生的時候婆婆有幫忙，但我弟妹的子女相繼出生後，我媽就沒空照顧我大女了，當時確實有思考過是否聘請工人，但又不想假手於人，我們想看著孩子成長。因為我當時的工作相對穩定，準時下班準時出糧，所以我先生就辭職帶孩子，一直至今。」Moon 的丈夫烹飪了得，日間接送孩子，幫他們溫習做功課，及至凌晨才開始專注於廣告設計，做自由工作者。「真的很辛苦，我先生實在好得沒話說。」

雙職父親不易做，尤其子女學校的功課其實也是父母的功課。Moon 說最初安排女兒入讀傳統名校，本意是父母自己想偷懶。「因為有名氣，這學校出來的學生不會差，我們不想自己催谷。誤以為就算我們放手，學校也會幫忙教他。但原來其實『不會差』是源於高壓的學習環境，尤其上了小學後，女兒甚至不想上學。」Moon 說全日制四時放學後女兒已很累，回家吃點東西便不停地做功課，至七時吃飯前還未做完，且還有一大堆默書測驗要溫習。「我們已盡量不催谷，也沒去補習，可家長日時班主任會跟我們說『可能都要幫幫忙』，即要我們督促一下，所以明顯會有壓力。」如此下來，負責照顧的丈夫自然更大壓力，與女兒的衝突也更多，相當辛苦。「所以我們一直想著移民。」

社運封路期間　尋離港機會

自 2018 年起，Moon 一家嘗試多種方法移居英國、加拿大但困難重重，及至 2019 年社會運動爆發，在封路期間 Moon 仍四出預備移民面試。「那時的感受很深，移民顧問說多了許多人來詢問。」可是 Moon 的加拿大創業移民及學簽申請最終被拒，「真的很傷心，覺

得很對不起小朋友，有點崩潰。」

因為 Moon 的大學同學知道她想盡方法移民，所以「發了條 link」給她，告訴她美國有移民抽籤，「我一直不知道有這回事，沒想過去美國可以這麼容易，還不用付錢，所以收到信息時想會不會是假的。」Moon 說，美國自 1995 年推出 Diversity Visa（簡稱 DV），俗稱「綠卡抽籤」，讓移民美國比例較低的國家居民，透過隨機抽籤取得移民美國的機會。申請人只要高中畢業，或有

兩年工作經驗便可登記，而被抽中的參加者，其配偶及子女均獲發簽證，每年全球限額 55,000 人。「2019 年後，美國宣布取消香港特殊待遇，指香港是中國一部分，所以取消了香港人抽綠卡的資格，令我們這班 DV2021 成為了歷史上最後一屆抽中美國錄卡的香港人。」

Moon 翻查官方網頁，發現 DV2021 共有 15,471 名合資格的香港人登記，有 569 人中籤。「不過抽中亦不代表一定可以移民美國。法例規定，中籤者須於該年度的 9 月 30 日前通過體檢面試，並於臨時簽證發出的六個月內登陸美國，才算正式獲取永久居民身份。」Moon 說，可是那年遇上 COVID、美國總統大選及保本土就業的行政命令，一度停止 DV 面試大半年。最終該年度美國只向全球批出了約 30% 的限額。「2020 年 6 月知道中獎，2021 年 9 月才收到面試通知，等候期間面對種種不確定因素。其實我們已打定輸數，買了機票預備用 LOTR* 離開香港移居英國，因為當時我們已很著急，整個環境氣氛只令你想走。」歷盡艱辛，Moon 一家終於 2021 年 9

在簽證限期前，一家五口順利完成體檢及面試，獲得美國永居身份，成為歷史上最後一屆抽中美國綠卡的香港人。

一家五口移民到與香港這個大都市截然不同的美國東岸北卡羅來納州生活。

月 28 日獲發簽證，距限期只差兩天。

孩子享受學習
是媽媽最好的禮物

獲發簽證的第二天，Moon 買了個半月後的美國單程機票，選了大女兒生日的一天出發。「我們目的地不是大城市，要轉三程機，共約 30 小時，但因為時差，我女兒過了一個很長的生日，由

上機到落機回家，仍然是她生日的那一天。」

移居美國後，Moon 花了兩三個月已找到一份穩定的政府工作，見證女兒們的改變，感覺和預期一致。「大女兒一個星期只需要交一份功課，可以自己決定哪天做，兩個小的在學校已完成習作，回家多了許多時間去玩。」Moon 說另一最大分別是她們經常自己翻書閱讀，「覺得很神奇，一年半前孖女近乎

不懂看字，但現在卻可整本書讀出來。」Moon 亦很欣賞眾多戶外學習的機會，「她們會去觀察泥土，分辨哪一種吸水較多。有次我們去觀星，她可以告訴我們那顆叫甚麼星，那又是甚麼星座，連孖女也跟我們說月亮有哪些顏色。她們在學校裡學到的東西，每次學完回來都會很興奮地跟我們分享。你會覺得很 amazing 她們學到了這麼多，而且變開心了。」Moon 很記得剛過去的生日，出席了女兒們學校的科學博覽會活動，了解到學校如何教科學實證，從基於理論的假設，經過測試驗證，到得出結果做簡報，「雖然她拿不到獎，但見到她很享受這學習模式，已是我最好的生日禮物。」

美國教育，對 Moon 而言唯一的擔心是校園槍擊案。「學校會有定期演習，像龍捲風、火警演習般，她們告訴我老師會第一時間鎖上門，然後小朋友就盡量躲在窗戶或門看進去看不到你的位置，移動時的腳步也要放輕。老師會告訴他們這不是玩的，不可以笑，不可以說話，要很認真。」

Moon 說因為槍擊案近年的持續增加，他們也有想過要不要轉去英國，但始終這邊有丈夫的哥哥一家互相照應，以及丈夫讀書時建立的朋友網絡，所以暫時還是作罷。

我是香港人？

我會不停提醒孩子我們是香港人，跟她們一起看香港的新聞、紀錄片、聽廣東歌。我們會告訴她們，這個身份很特別，就算你將來入籍美國也好，也是一個美籍的香港人，因為我覺得在歷史上香港人的身份很特別，無論去到哪裡，我們都不可以忘記。

寫給留下來的人

　　我的朋友有些走，有些留，每人都有各自的原因。我始終覺得，離開需要勇氣，留下也需要勇氣，生於這個時代、這個香港，大家只能繼續努力加油！

*LOTR：Leave Outside the Rules，簽證特許入境許可，英國政府特許持英國國民（海外）護照（簡稱BNO護照）的香港人及其家屬以此簽證移民英國。

🌸 離開時我為孩子帶走了...

她們從小到大都抱著的毛公仔。

🌸 移居後印象深刻的一幕

　　北卡四季分明,但不是年年冬天都會落雪。我們剛移民那年下了三次雪,有一次下了一整個夜晚,積了厚厚的雪,第二天早上,我興奮到叫醒孩子們出去前園砌雪人,並在後園的小斜坡滑雪,大人及小朋友都十分開心地玩了一個上午。

孩子的留言

1.最想念香港的甚麼？

大女：美食，例如腸粉、壽司，因為美國很少機會食到。

大妹：茶餐廳的凍檸茶。

細妹：掛住祖父母。

2.最喜愛現居地的甚麼？

大女：學校，因為無咁難；同大部分食肆都可以
免費無限refill汽水。

大妹：落雪，可以玩雪。

細妹：學校假期、節日假期，可以去玩 。

3.有沒有一句關於移民的話，想跟其他小朋友說？

大女：If you find something new, why not give it a try!

✿ 好書推介

《Children in Our World: Refugees and Migrants》

作者：Ceri Roberts

插畫：Hanane Kai

出版：Sourcebooks Trade

Joyce

info

曾為公立醫院護士長,離港前在大學擔當導師,專注教育護士;丈夫Brian於圖書館任職。二人育有5歲的女兒Rey,於2022年暑假移居英國。目前在學校擔任兼職,丈夫則成為家中的柴可夫(司機)與大廚。

疫下痛苦童年
移英跑跳碰盡情成長

　　香港的教育環境是,無論孩子資質高低,都是從起步開始就要一直不斷跑,家長也只能亦步亦趨,最終練就不少虎媽虎爸。來到英國生活,居然沒有起勢去跑的壓力。雖說養兒育女各施各法,但當香港家長到了外國,除了語言和生活上的適應外,在子女教養模式上也要有所調適。

到英國後，最開心的那位不是 Joyce、也不是 Brian，而是女兒 Rey。離港前她 4 歲，四年間有兩年半在疫情中度過，在香港經歷了痛苦的童年。「一到了上學年齡，就不能上學，那時圖書館關閉，連遊樂場都封了。」

做媽媽的記得，在香港時女兒即使是能上學的日子，也只有每天上學一個半個小時，更只能坐在自己的位置，座位與座位之間是有圍板的。每天她只可以自己在圍板內砌積木，不能跟其他同學溝通。上不到多久，又要停課了。其實她在那一年多以來，見到多少次同學，又有多少次能與同學玩呢？到舉行家長日那天，Joyce 在視像中跟老師對話時，Rey 就在後面大聲說：「我不喜歡這間學校。」

是的，小孩子就是如此直接，「疫情時期，香港的教育環境實在是太極端了。」

所以當 Rey 到了英國後，真的可以與同學一起上學，她開心到不得了。當時在新學年便到 5 歲的 Rey 被編入了 reception，就是英國小學制度入面的第一年，今年 9 月便升 Grade 1 了。她就讀的學校是全日制公立學校，上課時間由早上 8 點半到下午 3 點半，沒有功課壓力。課後還可以去學鋼琴、芭蕾舞、體操、足球和游泳，做一個紥紥跳的小孩子。

「因為她年紀尚小，學校沒有很多課外活動，只有摺紙班、畫畫這些。

我們希望她可以嘗試不同的活動、參與不同的群體，特別是音樂和體育方面，於是就自己安排這些興趣班。」反正都是孩子喜愛的活動，不是課程補習班，孩子也上得開心。不要以為英國家長都無為而治，只有香港家長才會那麼「怪獸」。原來即使英國的本地媽媽都不遑多讓，每個孩子都有上兩三個興趣班。

不過英國人讓孩子去上興趣班的目的，就跟香港那套完全不一樣。英國的小學有分 Key Stage，Key Stage 1 是 Grade 1 和 2，Key Stage 2 是 Grade 3 至 6。家長們都認為 Key stage 2 開始便要多些注重學業，所以都想孩子們在開始 Key stage 2 之前盡情去玩，而不是為了考取證書、儲獎座去報讀名校。

公園體會各地教養模式

課後，女兒星期一至四有各式各樣活動，星期五就例牌去公園遊樂場玩。護士出身的 Joyce 自然對「衛生」有一定要求，不過她留意到「這兒的家長不會緊盯著孩子，由他們自己追逐、玩耍，跌倒了就由他們自己爬起身，不會在後面追著要抹手要做甚麼的。即使小朋友之間出現紛爭，一般也由得他們自己解決。」結果是，大人和小朋友去到公園都可以很放鬆，很開心。「在遊樂場就可以體驗到一個地方的主流教養模式。」

以前在香港，即使 Joyce 覺得未必需要不斷抹手，也無可奈何要跟在女兒

身後；怕其他家長覺得她放任女兒，在疫情下「咁唔小心」。所以即使公園重開後，大家玩時也倍感壓力，完全想像不到現在的 relax 感覺。「身為護士，我覺得太乾淨並不是最好的，也要幫小孩建立抵抗力，尤其是他們戴了三年口罩，免疫系統不夠強。其實小朋友小病小痛幾次，讓身體適應了，就會變得強壯。」

至於說小孩間的紛爭，暫時都只是停留在小爭執上。「也有聽說高年級可能會開始有欺凌的情況，不過這裡的學校從小就會教導孩子認識與尊重不同文化，例如齋戒月時會講解回教徒的習俗，農

曆新年又會安排書法班，讓小朋友感受不同文化特色，所以較少出現小朋友歧視不同人種的問題。」Joyce 認為，一個人長大，始終要學會保護自己，在遊樂場讓孩子經歷一下如何處理爭執，也是一種學習過程。

更何況，在 Rey 眼中，英國的公園比香港迪士尼更好玩。在屋企附近的城堡公園、森林公園，全都既有挑戰性，又有好玩伴。沒有膠帶圍封，沒有很多在後面追趕的父母，也沒有口罩的阻

隔，開心其實真的可以很簡單

小孩瞬間轉channel

小人兒 Rey 是一家三口裡最快適應和融入新生活的了。來了英國幾個月，便連發夢都是說英語。這是 Joyce 及 Brian 所始料不及的。

「在香港我們沒有僱用外傭，在家裡從來只會跟她說廣東話，希望她說好母語。」決定移民到真正動身那半年裡，

Joyce 更是陪她讀大量中文書，想為孩子打好基礎。

「但她上學後不久，就完全轉了 channel。嚴重到跟香港的家人視像通話時，她聽得懂但說不到，只可以用英文去表達自己。」這並非 Joyce 所能想像到的。「難得生為香港人可以 bilingual，世上兩個主要語言都可以掌握和轉換。當然希望女兒也會中文，能多開一道門。」

為此，他們一家加入了一個當地的廣東話讀書會。「就是香港人星期日的聚會，大人輪流每星期講一個中文故事，小朋友就圍著聽，然後一起做一些小手工、玩遊戲之類，希望為孩子保持一個廣東話的語言環境。」

她亦為此下定決心加把勁，更恆常地與女兒讀帶來的中文書，做些中文練習。「很多人說：『冇喍喇，會聽會講已經很好，寫就算了吧。』我們希望不止如此，目標是至少可以簡單寫和讀。」

適應和融入英語環境是移民的第一關，到孩子融入後，卻忘了本來的中文與廣東話，這是很多移民家長的矛盾吧。這份得與失，在自由的土壤上顯得無關重要，卻是「香港人」承傳中的糾結之處。

我是香港人？

　　我和丈夫當然義無反顧地承認自己是香港人。如果不是為了讓下一代生活在自由的土壤，我們根本不會移民。我們當年沒有出外留過學，原本根本想像不到若不是香港人、不在香港生活的感覺會是怎樣。

　　有時跟本地人聊天，我也老實跟他們說，我和丈夫已經 40 多歲，是沒有辦法變成一個英國人的了；但我們希望孩子能在這裡落地生根，當然他本身是一個香港人、一個華裔人士，但我們希望她成為一個英國人。

　　畢竟我們離鄉別井，就是為了孩子可落地生根。

寫給留下來的人

每個家庭都有不同考量，沒有說走好、不走好，或甚麼時候走最好。經濟考量、對子女教育的期望亦不一樣。有人覺得孩子都中學了，怕適應不了，倒不如讀完中學才到外國升大學。

但如果小朋友跟Rey差不多年紀，我建議想走的話還是盡早走，4、5歲的年紀適應得很快、很順利。現在看來，我很肯定帶她來一個可以自由思想的地方，是一個好的決定。

✿ 離開時我為孩子帶走了…

由她出生起就一直用的被子，還有她慣用的餐具。其實只是很普通、才$12港幣的一套餐具，但就明顯是從香港家裡帶來的。想有一個延續性，不想孩子會突然覺得本來有的東西，全部都沒有了。

另外還帶了很多中文書，始終希望她起碼懂得讀和寫簡單中文。

✿ 移居後印象深刻的一幕

一家人周末到這兒的森林和湖泊，空間很大，即使是假日，都可以是周圍沒有人，在森林和湖泊中，有種天大地大的感覺。

孩子的留言

1.最想念香港的甚麼？

公公、婆婆、爺爺、嫲嫲、叔叔、表哥。

2.最喜愛現居地的甚麼？

我最鐘意這裡的森林學校。另外當然是遊樂場，這裡有城堡遊樂場，我覺得比迪士尼更好玩。

3.有沒有一句關於移民的話，想跟其他小朋友說？

快點過來啊，快點過來同我玩，我等你來跟我玩呀！

✿好書推介

《從前，有個香港》（This is Hong Kong）

作者：Miroslav Šašek

出版：茶杯出版

林 森

info

香港電影導演，作品
包括《窄路微塵》、
《少年》等。
2022年暑假林森與太
太及兩名現齡7歲及4
歲的兒子移居英國。

揮別淚水
給孩子快樂的成長環境

　　快樂這詞語，聽來很抽象，但細數起上來卻也很實在。我們常聽到「愉快學習」，但這並不單純是一家 Happy School 就可以營造的。小朋友的學習和成長經驗，是沉浸在整個社會的大環境、文化以及意識形態脈絡當中。香港電影導演林森的作品《窄路微塵》和《少年》聚焦香港本土以及人的困苦與掙扎，但在教養孩子方面，他關心的是開放自由、國際視野，以及快樂成長。

得悉林森移居英國，不少人心裡總覺得主因是香港政治氣候環境轉變，使曾創作反送中電影《少年》的他承受壓力，所以避走他方；可事實是，林森更在乎小朋友的成長環境，這才是他決定移民的最大誘因。

「我和太太第一件事是想小孩開心，但始終在香港的環境中會迫著你想孩子將來會不會成功，有沒有競爭力。你看到許多家長會幫小朋友報許多班，雖然我們沒有報，但也會有比較的心態。可是看見自己的兒子因上學做功課經常在哭，那絕對不是一件好事，這會令我有很多反思。」林森說，雖然移民前剛升上小一的兒子，就讀的已是被標籤為「Happy School」的私立小學，每天回家大約中英數各一份的功課加溫習，亦沒再安排額外的補習或興趣班，純粹是上學和回家做功課或玩，但兒子仍差不多每天做功課都做到流淚。「所以他一來到就很開心，完全不會想回香港，提起香港都害怕。」

那種不愉快的經驗和回憶，其實亦不止於學校功課。林森說，2019年時兒子才4、5歲，卻同樣經歷了香港人的集體創傷，「我們那時住在深水埗，很接近警署，由於當時警署的範圍大多煙火四起，所以我們在屋裡都會聞到一些催淚彈的氣味。甚至我兒子都試過一兩次在街上被警察嚇到哭了起來，處於一個極其惶恐的狀態，所以他對香港的印象很差。」林森解釋因此當他詢問這麼年幼的孩子：想不想去別的地方生活？他自然會答：「想去！」尤其過去的旅遊經驗大多是愉快的。

「我有個家姐嫁了去西班牙，丈夫是西班牙人。我們曾帶孩子到他們家居住，也帶孩子去過荷蘭等歐洲國家探我的朋友，所以他們對移民到英國生活和異地的文化都比較接受，尤其有個親人也是外國人；加上這一代透過YouTube看許多外國的頻道、影片等，像Peppa Pig本身就是英國卡通，語言是英國口音的英文。所以來到這邊完全沒有甚麼銜接適應的問題。」

防疫政策迫使決心移民

林森指出，香港帶給孩子們的困苦，在過去三年因嚴厲的防疫政策而惡化。「2020年初只是有個想法（會不會移民），但到了2021年後，一些直接或間接認識的朋友都會突然被捕，也不知道會坐（監）多久，氣氛比較惶恐，才真的去思考要不要離開；但最大的推動力，是因為在防疫政策下，你會覺得小朋友留在那裡是沒有希望的，包括困在家裡上網課、周圍的公園都被封了、晚上6點後沒有堂食等，整個社會的氣氛和狀態，令你覺得很不想小朋友在這樣的環境下成長；所以對比社會政治環境的轉變，我覺得防疫政策的恐怖程度是令我有更大動力決定要移民。」

林森沒有讓孩子打新冠疫苗，「我

覺得，這是我們的底線。」林森與妻子在這方面有共識和共同的堅持。其實在香港的時候，他們全家都已感染了，「小朋友沒甚麼反應，大約只是發了一晚燒，第二天已經沒甚麼事。」林森説，他們反而來到英國後，才因其他細菌、病毒，大人小朋友不斷病，「可能因為在香港戴口罩太久了，所以有很多抵抗力沒有建立到，到現在過了差不多九個月，感覺抵抗力開始飆升，沒有甚麼病了。但在香港不會這樣去理解件事，一定要戴口罩吃藥怎樣怎樣，但是過來了就發覺原來人是可以靠自己（的身體）去防衛病菌的。」

林森説，持續的隔離和戴口罩，也讓小兒子在學習語言方面較大兒子明顯遲緩。「哥哥還小的時候沒疫症，差不多九個月已經開始説一些簡單的詞語，但細佬出生不久後大家就開始戴口罩。許多時候根本沒辦法看著大人的嘴巴去

學發音，所以他兩歲多也還沒說話。」可是父母在家應該不會戴口罩，影響會這麼嚴重嗎？記者如此反問，林森則解釋，因為他和太太許多時外出工作，小孩主要由家中會說一些廣東話的印尼傭工照顧。隔離在家難以接觸其他人，所以真的會有很大影響；尤其在移民英國後，3歲的小兒子到學校上課，其英語能力快速發展，所以相信環境的影響尤為重要。「其實來了三個月左右，他們自己兩個已經開始用英文溝通，所以真的很快。」

現在孩子們已很適應英國的生活，開心上學，對林森而言已放下了心頭大石。「我還很記得一家人上飛機，剛剛到達倫敦的時候，真的有一刻大家都覺得鬆了一口氣。真的呼吸到自由的空氣，因為不用戴口罩。」林森說，只是小兒子最初對脫下口罩有點抗拒，「因為自他有意識開始，人們都是戴著口罩的了，所以他出門還是一定要戴口罩，會害怕，不肯不戴，甚至會哭；但他後來看到別人都沒有戴，加上去公園玩戴著口罩確實很不舒服，所以後來就慢慢適應了。」

學校門口匯聚世界語言

對於英國與香港教育的差異，林森有幾點觀察，「我們剛來到不久已獲安排到學校與老師面談，單對單談了很久。老師會嘗試了解孩子們在香港的狀況和有甚麼學習需要。在上學時間，老師還會帶我們參觀整間校舍，介紹每個地方，這在香港不會出現，哪有老師會有空去照顧你一個家長？還帶你去行校

舍？沒可能。第二是這裡的教育比較以人為本，會按小朋友的需要來教他們，例如我大仔剛到校時，老師會主動安排一些 buddy 帶他一起學習，在新環境中也特意設定一些熱身環節，讓他進入社交群體。」林森說這也可能與學校規模較小有關，整間學校只有六班。每級一班，一班大約二三十位同學，有兩個老師任教。且就算是不同級別，由於會在課後參加各種課餘活動而互相認識，所以整間學校的群體關係很緊密。

「第三，這裡會著重讓小朋友理解一些在地生活的知識，包括學游泳是一種求生技能，會模仿萬一自己遇溺時可以怎樣求救，或如何救人；又例如會去農場摘蘿蔔然後帶回學校煮，去理解食物的生產過程，這些在香港是沒有的，反而比較多一些學術上的標準你要去達到。」林森說，兒子很喜歡這些活動，「他們之前有一個星期要學石器時代、銅器時代的知識，於是老師會叫學生穿著模仿石器時代造型的服飾去上學，而由於是石器時代，所以沒有書，就不用帶書回校，也不會有電子產品。同學要研究在校園範圍內有甚麼東西可以拿來以物易物。」

倫敦的人口以多元種族著稱，林森指以他接放學時的觀察，本地英國人可

能有三四成，就算是白人也可能是東歐人，其他還有黑人、印度人等。就算是亞洲黃種人，雖然人數少一點，但也有日本人、越南人等等。「我接送返放學時，會見到小朋友跟家長，大部分可能有六七成都是講自己的母語，所以就不會覺得自己是外國人，因為大家都是。」學校是社會的縮影，學校門口，就匯聚了世界各地的語言，可見多元種族絕對不是口號。

林森說，他現在唯一的擔憂是如何維持之後的生計，不過他認為這也不是太大問題，因為感覺只要肯工作，總有可以做的事。「我大兒子的一個老師，星期六會遇見他在超市兼職，不會因為老師的身份而有甚麼包袱。」整個移民的經驗，林森形容為「超乎期望地好」，而且很多香港人來了，連自己的電影也能在英國上映，「這些全部，都幫助到你適應這個新環境。」

我是香港人？

我自己沒有很刻意向小朋友強調他們的根是香港人。當然他們也知道自己來自香港，但我沒刻意去說。可能我們也不是很傳統的人，沒有要傳承甚麼文化，來到這裡就慶祝這邊的節日，例如聖誕、Halloween。可能我和太太也比較容易擁抱當地文化，對於身份認同沒那麼執著，也不會刻意找回香港人的社群圈子，或經常出席香港人活動。

我比較擔心的是他們不太用廣東話或中文的話，我和他們慢慢會有隔閡，始終我們的英文能力有限，未必可以很徹底地和他們用英文溝通。

寫給留下來的人

無論在世界哪個角落，只要能找到安全感的地方，就可稱之為「家」。

❀ 離開時我為孩子帶走了…

主要是他們的玩具、一些中文書，和一支 Guitalele。

❀ 移居後印象深刻的一幕

這裡的公園或戶外環境的確比香港好玩很多，又大很多。孩子們在這裡可以到處跑、全身泥，在香港的時候我自己也會有很多枷鎖，怕弄髒，但這裡每個人都是這樣，那你就會任由孩子去玩。另外我覺得頗好的是無論學校或整個社會，大家都比較喜歡看書，大兒子的功課在堂上面完成，每個周末帶回家的是一本書，看完後要寫一些很短的讀後感，甚至一位長者鄰居送的聖誕禮物也是書。現在他們都會渴望聽睡前故事，於是我趁機把故事用英文講一次，再用廣東話講一次，希望他們也能用廣東話理解故事。

孩子的留言

1.最想念香港的甚麼？
爺爺和嫲嫲。因為他們都沒有來英國。

2.最喜愛現居地的甚麼？
公園，因為有很多遊樂設施香港都沒有，例如沙池和繩索。

3.有沒有一句關於移民的話，想跟其他小朋友說？
快些過來吧！

好書推介

《小兒子 2：命大的蟑螂》

原著：駱以軍
繪者：吳中義、李玟瑾、陳曼昀
出版：印刻

〈第二章〉

與孩子並肩迎戰
移徙衝擊

相片由林森提供

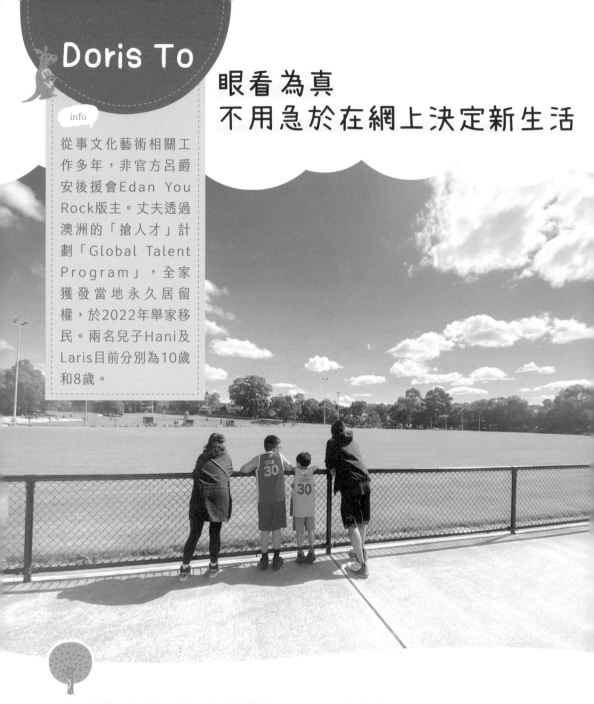

Doris To

info

從事文化藝術相關工作多年，非官方呂爵安後援會Edan You Rock版主。丈夫透過澳洲的「搶人才」計劃「Global Talent Program」，全家獲發當地永久居留權，於2022年舉家移民。兩名兒子Hani及Laris目前分別為10歲和8歲。

眼看為真
不用急於在網上決定新生活

　　香港人甚麼都要快，很多準備移民的人，即使從未到過將要移居的地方，還是未動身便先買屋、搵學校，務求出發前安排好一切，期望一到埗便可與新生活「無縫交接」。其實，真的要這樣嗎？網上見到的房子與校園，真的與現實一樣嗎？網上評論、朋友意見，又一定適用於自己的情況嗎？

「其實真的不用這樣。」Doris 以過來人的身份奉勸大家。

他們一家初到澳洲墨爾本時，先租住 B&B 一個半月，然後利用那六星期，全家人一起去睇屋、搵學校。墨爾本跟香港一樣是分校網的，夫婦倆沒說一定要孩子入讀某間學校。「只要校舍不要太殘舊，若碰到學生有禮貌便加分。」

「連房子的真實狀況是怎樣都不知道，鄰居是甚麼人又不知道，學校又只是看過網頁，何必呢？既然已經整家離開原居地了，小朋友讀少一兩個月書，真有很大影響嗎？畢竟 COVID 以來，讀少了的又豈止一兩個月？」

Doris 覺得，跟孩子一起經歷找房子、買傢具、砌傢俬、執屋等移民活動，比起塞孩子到一間不了解的學校更有意義。「一生人有多少次移民機會？錯過了便不會再有這經歷。很多人試過因為網上好評去某些餐廳而中伏，既然如此，選學校又怎可以只靠網上好評？」

最好不代表最適合

她亦不同意只看學術排名去選校。「排名高的學校，不一定是最適合自己孩子。最好，不代表最適合。」

現在他們的房子，是之前上網沒留意過的地區，到埗後才發現的新地方，於是便帶同孩子去看看。她記得，當日到區內的公園玩時，弟弟跌倒了，旋即有一個穿著校服的女孩走過來幫忙。

「那小朋友很善良，我就問她學校在哪兒，原來就在附近。」能教出樂於助人的孩子，想必是好學校，於是 Doris 便決定選那所學校，「一租下房子便給學校信息，學校叫我們翌日買校服，後天孩子便可以去上學了。」說時也忍不住笑，她沒想過整個過程可以如此快速地完成。

就這樣，哥哥入讀了 Grade 4 的第四學期（編按：澳洲學校的學年是每年一月到十二月，分四個學期，按年齡分配級別），弟弟則讀 Grade 2。哥哥因為疫情前畢竟上了兩年小學，所以容易適應，加上這裡的老師會用不同方法鼓勵學生，舉例而言：只要孩子的功課開始寫得工整，就會送上 Pen License 證書——即讓孩子可以用原子筆做功課，小朋友受到簡單的肯定，自此就愛上寫字。

對比香港讀書時會說「我在沙灘游泳」是錯的老師，Doris 感恩孩子現在能自信地上學。（當年 Hani 的老師表示：「只能寫我在泳池游泳，因為沙灘要配堆沙。」氣得 Doris 回校與老師激辯。）

上學開心　自然追上進度

弟弟因為疫情在港沒正式上過小學，一年級全是網課，基本上沒學到甚麼，在這裡入學後跟不上進度。「老師很好，知道孩子有學習困難，是會想辦法去解決的。他們建議讓弟弟轉讀

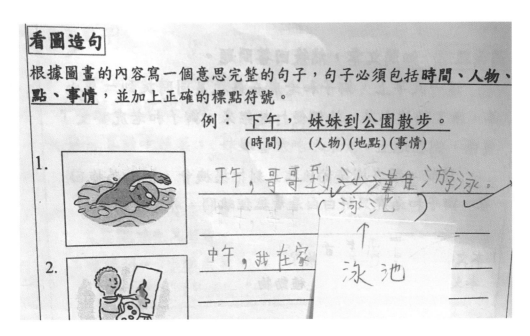

看圖造句

根據圖畫的內容寫一個意思完整的句子，句子必須包括**時間、人物、地點、事情**，並加上正確的標點符號。

例： <u>下午， 妹妹到公園散步。</u>
(時間)　(人物)(地點)(事情)

1. 下午，哥哥到泳池游泳。
（泳池）
↑
泳池

2. 中午，我在家

Grade 1，但如果我們不同意，仍可繼續留在 Grade 2，我們當然求之不得。」

雖然在 Grade 2 只上了一個月課，而且已經交到同班朋友，但是弟弟覺得降班很丟臉，所以難以接受。不過，最終 Doris 和丈夫相信降級還是最好的安排。一個學期過去，「他升回 Grade 2 的一個月，回來跟我說不開心，一天甚至哭著回家，爸爸看到就問他甚麼事，他答：『我不想讀 Grade 2，我要讀 Grade 3，因為我一開始認識的朋友全都在讀 Grade 3。』我們就意識到有問題。」幸好 Doris 後來發現弟弟班中的教學助理，竟是哥哥同班同學的家長，且是香港人，有了「線眼」的協助，得悉弟弟其實課堂表現沒甚麼問題，只是在交友上有困難，於是 Doris 和丈夫就鼓勵弟弟擴闊社交圈子。

「他常說，我都不懂他們說的話，又不知道怎樣跟他們說。」Doris 說，弟弟甚至要求去補習。她唯有跟他解釋，想融入同學生活，不如多看當地電視或 YouTube，慢慢就會懂了，不用怕。「我們沒有刻意要他的英文水平在短時間內提升，因為真的急不來。先不要管小孩追不追得上學習進度。其實只要他們交到朋友，開開心心去上學，就不用擔心跟不上。」Doris 於是向去年 Grade 1 同學的家長求救，家長們很熱心幫助，叫子女們在小息「捉弟弟一起玩，而不是教他怎麼說英語。」副校長更親傳秘技，教 Doris 買 beyblades（爆旋陀螺）讓 Laris 帶回學校跟同學一起玩，這招果然湊效。

至於大兒兩年後要升中，Doris 亦已開始留意附近的中學，並秉持「眼看為

真」的原則，親自到學校參觀。「原來每間中學都很不同，有些特別鼓勵學生學音樂，校園會有音樂廳、琴房、band房，連管弦樂隊都有；又有學校特別注重科學，除了一般理科、電腦科，還可以讀食物科學。」這些學校，學術排名不一定高，但就有些職業先修的概念。「親自去了解，才有一個 full picture，才可找到合適的學校。」

鏡粉媽媽也找到自己的天地

除了關注孩子的升學，自己的適應又如何？忙完孩子的東西，靜下來也會

感到孤獨的時刻。幸好畫畫及 MIRROR 拯救了 Doris。身為鏡粉的她說：「想不到即使來到澳洲，一班 fans 也可以相聚。我本身是「爵屎」（呂爵安粉絲的稱號），一聽到有關他的事經已興奮，更想不到的是，在 Edan 的 Fans Club 聚會中，令我找回香港的感覺、真的很有回家的感覺。」

她不諱言，MIRROR 也許是這幾年大家逃避傷痛的出口，是眾多港人開心的源頭。一起唱著他們的歌，搖著燈牌，錄製影片送給偶像，在那一刻香港是這麼近，那麼遠。

我是香港人？

當問小朋友：Are you from China？

他們會答：No, we are from Hong Kong.

人家跟他們說普通話時，他們會說：「我唔識你啲話。」到有人說廣東話時，他們就會很興奮：「佢講我哋啲話呀。」小朋友對香港人的理解，就是如此。

我自己亦因為想認識香港人，故開了廣東話畫班，用母語教小朋友畫畫。剛好有個學生 13 歲，教畫時跟他聊天，讓我了解到，不久將來我的兒子可能會有些甚麼想法。學生會說：「媽媽不懂我的東西，卻又經常要我這樣那樣……」Doris 暗忖：那不就是在說我嗎？

沒有家長生來就懂得做家長的，正如 10 歲的兒子也不會懂做 11 歲的兒子。我們每人都是邊做邊學，我也是這樣鼓勵自己及孩子。

寫給留下來的人

每個家庭都有不同限制，不要想著別人移民，就跟著移民，因為真的沒有絕對，去或留都是個人選擇。

要走，個人心態就要保持開放，不要為自己設太多限制，例如：不是一定要買樓，也不一定要讀私校之類，沒有甚麼是一定的。很多東西不是我們計劃得到的，「一定」的壓力很大，你會很痛苦。Be open！

❀離開時我為孩子帶走了…

兩個兒子各有一張百家被，是用他們不同階段穿過的舊衣服拼湊，再用衣車製成的。有時看著被子時，他們會認得當中這件那件衣服是自己 3 歲、5 歲時穿過，雖然不會像我那麼興奮，不過是個很好的紀念。

❀ 移居後印象深刻的一幕

我們家旁邊的公園，有個很大、很漂亮的草地。當沒有其他人時，我們一家可以霸佔整片草地，躺下來望見完全沒有東西遮擋的天空，那一刻才發現，為甚麼以前在香港從來沒有試過可以這樣生活？

孩子的留言

1.最想念香港的甚麼？
最掛住朋友仔，特別是初來的三個月，因為在這裡朋友的不同、語言不同、玩的東西都不同。

2.最喜愛現居地的甚麼？
可以經常去公園玩，屋企也很大，可以跟爸爸在家裡玩槍戰。
「呢度上堂都好開心，因為可以成日『郁郁吓』。」

3.有沒有一句關於移民的話，想跟其他小朋友說？
這裡的學校會要求學生每天閱讀，要鍾意睇書才好來啊！

❀ 好書推介

《唐鳳：我所看待的自由與未來》

作者：邱美珍、鄭仲嵐
出版：親子天下

Blondie Yeung

info

在香港任職五星級酒店公關，現職Winnipeg本地人教會Operations Manager。
2020年帶兒子Haniel（現年13歲）和Hanzel（現年10歲）到加拿大Winnipeg，九個月後丈夫Roy抵埗會合。

來加拿大後
我才學會做媽媽

一家人去了Banff國家公園LakeLouise，那裡美得像天堂。

　　「我覺得自己來到加拿大之後，才學會做媽媽。」Blondie 的大兒子今年 13 歲，身為母親的她如此說：「在香港的時候，不只我兩個孩子是『港孩』，其實我也是個『港孩』。」

2020 年中離港前，Blondie 曾任多間星級酒店市務傳訊（Marketing Communication）部門的主管。因為工作關係，吃盡矜貴的和牛、拖羅、鵝肝，只會認得作沙律菜的 baby spinach，可是其他的蔬菜，便傻傻分不清了。一切皆因從前在香港的生活方式，就算已嫁作人妻，以至成為人母，亦一如普遍港人般家有外傭。

至於愛女心切的楊爸爸、孩子們的外公一直以來亦幫忙去街市買菜。「我以前是完全不懂得煮飯煮餸，偶然一個月煮一次，但都要鼓起勇氣，預備整個星期才能煮到一餐飯的那種。」也因為她聘到一位她稱之為「無敵家傭」的外傭，致使她完全不需要懂得做家務，「怎樣開洗衣機、怎樣拖地，我完全沒有概念……」她有點不好意思地說：「我覺得以前是被寵壞的。」

三個港孩九個月長大了

早在加拿大仍未推出「香港人救生艇」計劃，她便以相對較便捷的讀書移民簽證方式申請。「當時我仍抱著一種香港人『乜都要快』的模式，想快些落地入學、找工作，就可以快些申請居留。」另一方面也擔心兩夫婦同時處於沒有工作的狀態，故此丈夫 Roy 只能殿後，留港工作多九個月再出發；於是，她獨力帶著兩個孩子做先頭部隊，遠赴加拿大 Manitoba 省都 Winnipeg 落腳。

三個港孩在 COVID 剛開始大流行期間到埗，找房子、入伙、上學、找工作等統統在封城期間發生。「那時候真的辛苦到想死……」新屋入伙需要添置傢俬，但疫情期間送貨不送入屋，亦不包安裝。「我和 Haniel 兩對手合力搬入屋，亦有好心的香港家庭幫忙。然而，送貨期不定，有時候送了幾件過來，處理好，隔一會又再送來，也無法經常麻煩別人。」

然後三母子夾手夾腳看圖裝嵌，過程中少不免有錯漏。「但我們都覺得很好玩。以前在香港一定由爸爸負責，一來他們還是小孩子，二來因為 Roy 很喜歡做這些工作。」無奈爸爸人在香港，當時 10 歲的 Haniel 和 7 歲 Hanzel，雖然還是小孩子，卻隱然已經有種承擔起照顧這頭家的責任。

順利入伙，傢俬也裝嵌好，然後就要解決 COVID 下一日三餐的問題，每日叫外賣也不是辦法。「來到加拿大，沒有工人、媽媽也不在，我又不會煮。但為了孩子，唯有狂看 YouTube 學煮，這是我能為他們做的事。」Blondie 便開始「煮」婦日常。「我問兒子，你們知不知道媽媽還沒來加拿大之前懂得煮東西？他們說不知道我會煮東西，也不知道原來我會煮那麼多不同的東西，哈哈。」久而久之，兩個兒子有樣學樣，常嚷著媽媽教他們煮東西，她要求自己學懂後再教孩子，於是也成為她入廚的推動力。

難忘病中孩子親煮住家菜

直到一次 Blondie 病倒，但她實在無力動手煮，又不想吃外賣。到坲加國的第四號「港孩」Roy 也不懂得煮。「他還叫我先教他煮，但我完全沒力氣沒精神，怎教呢？結果 Haniel 跟我說，由他來煮！」大兒子深知媽媽沒有胃口，於是煲了蕃茄湯，煮了蒸水蛋和炒菜。簡簡單單的，但對於在異鄉患病中的母親而言，感動得難以言喻。相機沒有先吃，而是把孩子一番心機銘記於心。往後 Haniel 仍繼續看 YouTube 學煮，偶有失敗，但後來也成功煮出媽媽喜歡的冬蔭公湯。

煮而優則做家務。「誰會喜歡做家務呢？但對我的孩子來說，做家務是一種樂趣，他們甚至會問我，甚麼時候教他們洗廁所，我小時候都不會這樣問媽媽。」除了家事，去超市買東西也成為兩兄弟的樂趣，他們會鬥快找出媽媽要買的東西，「因為這裡的超市實在太大，東西不好找，他們卻覺得是尋寶遊戲。」Blondie 憶起有一次買完東西回家途中，漫天飄雪，哥與弟看見雪便很高興，一手拿著購物袋，一手互相扔雪。「當時那一刹的畫面好美麗，我覺得他們好像陪我一同闖蕩天涯。」身為基督徒的她常存感恩的心，儘管問題天天都多，卻是一天的難處一天擔當就夠了。「經歷老公和爸爸不在身邊的九個月，大家好

像突然成長了！不要説他們，我也是一起成長。」她展現出滿足的笑容説，「我兩個兒子真的很乖。」

堅持孩子朗讀國際新聞

兩個「小暖男」的玉成，還需要頭腦智慧的增長。身為讀翻譯系出身的 Blondie，慨嘆閱讀今時今日的香港新聞報導，要不就會感到不開心，要不就是接受被同化。「但兩個情況我都不想。」所以家教亦不忘要求現就讀 Grade 7 的 Haniel 和 Grade 3 的 Hanzel 收看或收聽新聞報導。Haniel 每日會收聽 CBC 或 CTV 的國際新聞 Podcast，然後選一則朗讀錄音給她，像是聲音版的閱讀報告。「這個功課的基本是英語會話訓練，進深一層是向新聞人學如何鋪排一個故事，更重要是，希望孩子能夠具有國際視野，知道這個世界在發生甚麼事，這是相當重要。」年紀尚小的 Hanzel 則看 CBC 兒童新聞平台（https://www.cbc.ca/kidsnews/），暫時還未需要做錄音功課。

現在兩兄弟只要聚在一起，自然地以英語交談，但兩夫婦仍堅持在家中或跟「四大長老」網上傾談時要講廣東話。「Haniel 在香港讀的國際學校也重視中文，所以他的中文水平大概是三年級程度；Hanzel 從沒有讀過中文，只能夠寫自己的中文名。」為了讓大兒子保持中文水平，Blondie 給他的功課是每天抄寫一句中文的聖經金句。至於小兒子，「我

們會努力給他多看中文故事書認字，不過真的需要很多心力。」

Blondie 當然沒有遺忘從一開始便支持她、陪她去冒險的男人。「當初 Roy 説過，人生下半場應該學習一些新事物。他現在做回本行電視台行業之餘，也很喜歡做家務。去年便在大屋花園搭了一個木平台，Haniel 也有幫忙做，然後放張小桌子、加一把太陽傘、幾張椅子，閒時我們就坐在這裡喝東西，看著兩兄弟跑來跑去。」

「現在回望過去種種事情，我們覺得是很好的祝福。金錢雖然比以前賺少了，卻賺到 quality time，一切超出我們所想所求的。重要的是，我們四個人一起在異鄉經營這個家庭。」

我是香港人?

我一定是香港人,香港是我的家。我要重申,我不是不喜歡我的國家,但香港才是成長的地方。把我整個人和一生人經歷過的所有東西放在一起,都是香港。每年 7 月 1 日是 Canada Day,對香港人來說也是一個重要的日子,有很多感受。現在加拿大是我住的家,但香港才是我心的家。

大兒子還會覺得自己是香港人,但小兒子好像已經偏向是加拿大人,畢竟他在香港出生成長六年多,在加拿大三年,已經是一半的時間,很快便會超越在香港的時間。

寫給留下來的人

還在香港的人總有他們留下來的原因。我覺得香港是需要香港人的,他們留在香港有他們的意義,他們可能要更用力,比離開了的人用更大力量;因為要捍衛香港人身份,其實現在是很難,我真的希望留下來的人可以維持香港人的身份。大家所愛的香港是在回憶當中,怎樣去教香港的下一代,就要靠他們怎樣用他們的價值、他們的方法,去說好我們回憶的香港,加油!

✿ 離開時我為孩子帶走了⋯

大兒子有個裝乳齒的盒子,內有十隻八隻左右。

✿ 移居後印象深刻的一幕

去年夏天第一次旅行,開了 10 多個小時車,去了位於 Alberta 的 Banff 國家公園,那裡美得像天堂一樣,有個湖叫作 Lake Louise,湖水碧綠得像一幅畫。上帝的創造真的很奇妙,那一刻讓我覺得人真的很渺小。

孩子的留言

1.最想念香港的甚麼？

Haniel：香港的食物 ，因為香港隨處都可以找到好味道的東西。

Hanzel：外婆煮的東西，因為好好味。

2.最喜愛現居地的甚麼？

Haniel：這裡的自然景觀，和四季分明的天氣。

Hanzel：這裡的人好友善、好親切，會互相幫助和分享食物。

3.有沒有一句關於移民的話，想跟其他小朋友説？

Haniel & Hanzel：Be open，無論是對加拿大的文化或認識朋友，不要只跟香港人或黃皮膚人做朋友，要擁抱加拿大不同民族的文化。

Nicole Lee

info

在港曾任職於環保組織，並開設華德福幼兒遊戲班，2017年移居澳洲後兼職教中文及從事老人服務。丈夫在大專院校任職。育有一位現齡10歲的兒子Aden。

為減移徙創傷
走進課室陪兒子讀書

Nicole兒子Aden在華德福學校的縫紉作品。

　　家長甚麼時候需要緊握孩子的手陪伴在側？甚麼時候又需要退後放手讓他獨立？這簡直是一門藝術，更加是言人人殊。Nicole 一家在 2017 年底隨丈夫移居澳洲後，這位充滿愛的媽媽，為了讓孩子在移徙適應過程中不致於經歷太大創傷，竟選擇「陪太子讀書」，走進課室與兒子一起上課三個月。

Aden與其飼養的小狗在郊野自由地奔跑。

可能有人會覺得，從孩子的角度，媽媽竟然於班房內坐在自己的鄰桌，那豈非超尷尬？又或有人認為，媽媽這樣會讓孩子過份依賴，學不懂自立。不過 Nicole 認為對於當時年僅 6 歲，且不懂英語的兒子而言，這過渡性質的安排，也是體諒兒子的處境。「我知道自己的兒子是甚麼料子。」Nicole 這樣說，絕對不是輕視兒子的適應能力，而是展現一種對兒子個性的理解，「他是一個內斂而慢熱的人，最初在小息時我會作為橋樑角色，陪他一起去找朋友玩，但一兩個星期過後，我會轉而鼓勵他自己去，但剛開始時他在嘗試後會回來跟我說：『為甚麼每個人都有朋友，只有我一個沒有？』聽到也心酸。」在一班明顯膚色和語言跟自己不一樣的人中間，

孩子需要時間去衝破種種心理和真實的障礙，而 Nicole 就在這猛烈的衝擊中扮演著安全氣囊。

「例如玩遊戲，你聽不懂英語真的不會知道遊戲規則是甚麼。面皮厚的孩子可能覺得沒所謂不懂就不懂，或者坐著觀察，但我兒子就是面皮薄。」Nicole 說儘管他已陪著兒子上課，但在最初的兩個月，孩子還是不想上學，每天出門總是不斷拖拖拉拉。但天底下孩子們的適應力還是強，尤其在學校結交到第一個朋友以後，慢慢上學就變得好玩，「從坐在他的旁邊，到坐在課室的角落，再到坐在課室的門口，然後坐在圖書館，我一步一步地 step away。」Nicole 說，她一直有為自己的包容建立界線。及至三個月後，兒子跟她說：「你

以後不用進來了，在外面接我放學就可以。」

「其實我不跟著他上課，也相信他總有一天可以適應，只是我這樣做，他經歷的 trauma 或許會少一些。」Nicole 説，一次她在圖書館待著的時候，突然一個孩子跑來跟她説 Aden 被人踢跌地上，「我立即找 Aden，首先問他痛不痛，確定他沒受傷，然後嘗試找出究竟發生了甚麼事，因為那樣才能教他下次遇到相類情況可以怎處理。還有，我不是要追究甚麼，但道歉是需要的。」Nicole 説，雖然最終整件的來龍去脈她現在已不記得了，但她卻記得自己對兒子説的一番話：「我跟他説：『你很好，第一因為有人欺負你時，原來會有朋友在身邊幫你，將你帶到一個安全的地方；然後，還有另一個朋友會替你通知媽媽。所以你是身處一個很安全的環境，一個有支援的地方。』我很慶幸當時我在學校，雖然我沒有目擊這事件，但我可以辨識並告訴兒子他已經有一些 support network 在身邊。」Nicole 説，外國孩子玩得比較狂放，不一定是刻意欺凌，重點是教懂孩子怎樣去設定界線和保護自己。

對華德福教育的堅持與學懂放手

孩子面對的移徙衝擊，其一源於不擅英語，但這在香港的高學歷中產家庭並不普遍。究其原因，是 Nicole 遵行華德福教育，該教育理念認為完整的人是由身體（body）、心靈（soul）和精神（sprit）組成，教育該建基於這三層次的發展，0 至 7 歲的幼兒階段應著重意志力的培育，是行動主導的階段。「7 歲前不著重學術培訓，不是不要學東西，而是不要透過灌輸知識的那種學

習模式。」Nicole 說，但礙於丈夫抱持傳統的教育理念，所以其折衷方法是讓孩子入讀主流學校，再輔以華德福式教育，為此，Nicole 還讀了兩年華德福的教師培訓課程，且開設了一所華德福幼兒遊戲教育中心讓兒子去玩！「當然我也做生意，但其實賺不到錢的，哈！」

Nicole 說自己鍾情華德福教育，是源於從事綠色環保工作，而華德福強調人與大自然的關係。在還未成立自己的 playgroup center 時，每逢星期五 Nicole 就不讓兒子上學，帶他跟朋友們去參加 Uncle Danie 的 Forest Adventures。Nicole 說：「我覺得現代文明很大的問題就是我們和大自然割裂了，所以在教育上我希望追求一個小孩子可以和大自

然連結的教育。」崇尚自然的教育，也包括避免吃糖果餅乾等人工或加工食物，以及盡量減少孩子接觸電視及 iPad 等 3C 產品。可是來澳洲後，Nicole 因應實際生活及環境需要，逐漸放下了過去多年的堅持。

雖然來澳後 Nicole 也為兒子選了一間有華德福教育元素的學校，但為了快速增強 Aden 的語文能力，她無可避免地要運用現代科技，「我知道對孩子而言最有效快捷的學英文方法就是看電視卡通。」Nicole 說回想起來，當年自己絕少讓 Aden 看電視，也是讓孩子在移居後廣東話急速退化的原因之一。「我現在反思，看電視是能夠吸收許多社會事物和詞彙的渠道。由於少看電視，

我是香港人？

華德福教育很著重每一個人的文化根源，雖然它源自德國，但去到不同的地方也會在當地的文化落地生根，例如在我香港的華德福幼兒遊戲班，就會帶領兒童認識香港的各種節慶。

文化是每一個人的人性需要，也因此我在澳洲讓兒子逢周六去上繁體字廣東話班。兒子升中選校，我也希望他入讀一間有教中文的學校，甚至那是簡體字普通話班，我現在也接受，因為有總比沒有好，況且無論是來自何方的華人，在澳洲成長的孩子都變成了 ABC（編按：原指 American Born Chinese，泛指海外華人移民第二、三代），他們受著更大的澳洲本土文化環境所影響。

我兒子現在認為自己是澳洲人，也是香港人。雖然他已與外國同學們打成一片，但當我問他會否想入讀有較多華人的中學時，他的反應是：「That's nice, I don't look that weird.」膚色當然是第一眼就可見到的東西，但我相信還是有很 subtle 的文化根源，導致他會這樣回答。

他的詞彙就限制在日常生活語境。」Nicole 說，幾年過去，Aden 現在的英語已與 native 無異，但日常在家的溝通，已轉用英語。「我最初還會堅持讓他用廣東話跟我溝通，例如他用英語說時，我會告訴他自己聽不明白，想他說廣東話，但他會覺得那就算了，不想再跟你溝通，甚至覺得媽媽甚麼也不明白。」

對孩子天然飲食的追求，在剛移居澳洲與老爺奶奶同住的期間，Nicole 也無奈放手。「孩子小的時候我從來不會給他吃糖的，可是奶奶家裡到處都是糖。」Nicole 說許多東西她不再堅持，是因為她看到過分堅持執行華德福教育的家長，可能反而對孩子帶來傷害。「我選擇華德福教育是因為想避開一些主流價值觀為孩子帶來的壓抑，我不想以一個本應是開放的教育理念，倒過來去壓迫孩子。」

寫給留下來的人

我發現原來走了之後是回不了頭的。移民之前我會覺得自己會經常回來，因為自己是獨女，父母都在香港，有錢買張機票就可以回家，但經過這三年的 COVID，會發現要回香港原來可以是這麼困難的！雖然現在已通關，往來已相對地容易，但你永遠不知道將來會發生甚麼事！

至於是否為孩子的教養問題而移民，我倒覺得其實無論去與留，對小朋友成長最重要的，還是看家庭關係和家庭教育本身。如果家庭不和整天吵鬧，無論你讀甚麼教育都是沒有用的。

✿離開時我為孩子帶走了⋯

兒時玩偶，這是我們家的傳統，會很珍惜毛公仔，不會掉棄。

✿ 移居後印象深刻的一幕

各種大自然戶外活動，包括釣魚、Tree Surfing（編按：中譯「林間沖浪」，在架於高高低低樹上的繩索之間進行冒險）等。

孩子的留言

1.最想念香港的甚麼？

公公婆婆和香港食物如腸粉燒賣，因為是公公婆婆湊大我的，而且澳洲的香港食品跟香港食的不同，都是香港的好味一點。

2.最喜愛現居地的甚麼？

澳洲讀書開心，無壓力，不用測驗考試，還可以養狗。

3.有沒有一句關於移民的話，想跟其他小朋友說？

過來很開心，不過你要和你現在的朋友講再見。

✿ 好書推介

《善養小童成大同》

作者：Robin Grille
出版：教育大同

莫宜端

info

言語治療師，曾任記者、政策研究經理和政府官員，與丈夫及一子一女於2021年底移民英國。目前擔任特殊學校的言語治療師。丈夫在港時負責保育工程，兒子Sky今年14歲，女兒Charis則為11歲。

適應是現在進行式
至少孩子不用口不對心

　　時間能沖淡一切。但對於移民的人來說，時間不是要沖淡，而是要累積適應能力。無論是大人還是小朋友，連根拔起到截然不同的地方生活，都需要時間去適應。適應，不是一時三刻，不是一兩個月，甚至可能不是一兩年的事。

　　常說小孩子更容易適應新事物，或許吧？但實情是，對每一個人來說，這都是一件複雜的事。

來英一年多，莫宜端（Zandra）也不敢說自己適應了這裡的生活。「最初可能是去適應天氣和居住環境等表面東西，接著就要適應和本地人相處⋯⋯所謂的適應其實是不斷的『-ing』（現在進行式）。」

至於她的孩子，妹妹抵埗後很快便編配到小學，而學校亦有多種不同族裔的同學。交到朋友，一起玩一起踢波，也算很快適應校園生活。

哥哥就遇上一點困難，等了兩個月都沒派到學校，到獲派學校後，跟街坊聊天時又發覺校風不太理想，最後唯有報讀私校。「到真正上學後，加上參加教會的青少年團契，開始認識到這裡的朋友，適應就快一點。」

不同層面　不曾間斷的適應

但正如 Zandra 所說，適應其實是持續不斷的現在進行式。生活上、語言上的適應是一回事，心情上的適應又是另一層面的事。

妹妹上學時開開心心、跳跳紮，身為媽媽的她亦能做回本行，下班後又可

以落 pub 輕鬆吓。不過當鄉愁忽然來襲時，兩個都忍不住哭。

「移英半年後，船運的家當終於到家。女兒拆完兩箱玩具，自己玩煮飯仔扮開餐廳。玩到一半，忽然靜了。」正在廚房煮飯的 Zandra，探頭一看，赫然見到女兒在飲泣。原來玩吓玩吓，想到以前在香港與她玩的兩位好友；又想到以前會陪她玩的工人姐姐，然後就哭了。

Zandra 看著飲泣的女兒，忍不住抱抱她，跟她訴說自己也一樣的心情，

「係囉，媽咪明喎，我都好掛住婆婆煮嘅飯，因為真係好食好多⋯⋯」拿著真鑊剷的 Zandra，不是玩卻要真煮飯。從前的她是無飯主播、無飯官員，從不下廚，沒想過讀書、考試、報新聞全都難不倒她，唯獨煮飯難倒她。

除了想念母親，也掛念朋友，尤其讀到香港的新聞，擔心官司纏身的朋友時，也會忍不住哭。加上初來英時，又有同事質疑她的英文不是本土程度，又有口音，不可能在英國繼續做言語治療師。對一向學霸的她來說，也夠傷心。

至於家裡另外兩名男生，也有各自的煩惱。爸爸在香港是土木工程師，來英初期要做住家男人，太太上班時他就負責處理家事。角色上的轉變需要適應。即使現在有些兼職工作，也不是與本科有關，有時更要體力上的適應。

破釜沈舟的決心

兒子較成熟，知道父母為甚麼要破釜沈舟移民英國——事緣有次在國安教育日後，本來也不以為然的他問媽媽：「要是國安教育將來會成為必修科，要考試測驗計分，那還要不要求其讀求其答？還是要努力溫書去答？」

Zandra 那刻就知道，即使有信心子女不被洗腦，也不知如何教當時只有 12 歲的孩子，要學會「口是心非」。正因如此，她明白繼續留港讀書的話，「我

會覺得好痛苦。不忍心年紀輕輕就要教他們不要表裡如一，我真的於心不忍」，於是就促使他們一家決定盡快移民。

兒子因為明白移民的原因，即使有不開心，都未必會直言。問他也只會說自己 okay。於是，父母就要繼續氹他講心事，例如與他分享自己遇到的不快事、工作上的不順利等等，講講自己的看法和處理方法；拋磚引玉後，兒子才會多說一些自己的真實感覺，包括擔心自己英文不好。

「沒可能每天都笑著告訴你，在英國很開心的。因為對大人和小孩來說，真的不是這樣。」

利用時間和空間去換取適應

還好在英國有的是時間和空間。對兩個孩子而言，學校老師都不會吝惜讚美的話。有次妹妹跟同學在走廊畫畫，每個路過的人都讚她：awesome、beautiful、amazing……妹妹為之驚嘆：「原來讚人畫畫，可以有十種不同的說法！」即使她自知畫畫不是最靚，也對自己很滿意，覺得有人欣賞自己。

哥哥也一樣，家長日收到不同老師的報告，詳盡到不得了，清楚講出他的強、弱項，也有建議如何進步。他閱畢就說：「這裡的老師很有趣啊，有很多

東西會讚，即使告訴我要留意甚麼、改進甚麼，也不會令我覺得自己很差。令我有信心繼續去嘗試，去做好一點。」

除了讚賞帶來的滿足，還有足球給兩兄妹帶來的肯定。妹妹是女生，一下子就能入選球隊比賽；哥哥則因為踢波經驗始終比英國本地小孩少，初時只能陪練，不能當正選球員出場比賽。直至一年後，教練見到他的進步，加上正選球員位置有出缺，就問他要不要加入一起踢球賽。「在這裡有時間有空間，又有善於觀察的教練，即使只是踢「黃大仙隊」……他將來回頭看，一定會覺得這次從陪練到正選的經歷很寶貴。」

既然要適應的事情陸續有來，大人就和小朋友一起學習用開心事去平衡不如意、不順心的事，慢慢適應。

我是香港人？

我沒有仔細的去問孩子。倒是兒子有次去學校旅行，坐巴士時跟一個來自匈牙利的同學坐，對方很有興趣問到香港的事情，他便跟他說 2019 年的事，解釋為甚麼有那麼多香港人來了英國，還拿 Winnie the Pooh 開玩笑。

我想他是很驕傲香港人的身份，但他不會像我們一樣，經常掛在口邊說要記得香港的事，要怎樣承傳。只是有朋友問，他就說了，但其實都是一種言傳。

我自己跟教會會友或同事也有機會說起香港。有次出席工作坊，遇上一個捷克人，她跟我描述小時活在共產政權下的事，我又說說香港的事。原來在英國，很多人來自五湖四海，其中有些原本生活在不民主，甚至是極權國家。大家都是經歷過，才更加感受到那種能夠呼吸自由空氣的感覺。

寄給留下來的人

我記得我臨走前做了一本紀念冊，叫朋友和前輩寫幾個字給我。其中一位牧師寫：離開是不容易的，有人會形容自己是一個要逃難的難民，但其實《聖經》裡面都有很多這樣的例子，上帝要他們定義自己是一個 pilgrim（朝聖者），只不過是 always on the road。

我也想鼓勵將會移民，或者正在計劃離開的香港人：當那個難民的感覺很重時，不妨看遠一點，其實同一個時間世界上很多人都在不斷轉換自己的地方，不斷地 on the move。如果你心裡面有一個目標，是為了一些價值而走的，即使你沒有信仰，你都是一個朝聖者。在困難苦悶的時候，望望旁邊的同路人，跟你一起都是 on the move 的，互相依傍一下，又會容易過一點。

❀ 離開時我為孩子帶走了⋯   ❀ 移居後印象深刻的一幕

玩具、朋友送給他們的
紀念冊、禮物等東西。

就是天寒地凍去看孩子踢波。特別是
最初來英國的時候,我們穿著羽絨站在球
場旁邊,留著兩行鼻水看他們踢波,鼻水
都快要結冰了。那刻跟老公對望,覺得自
己很偉大。我們真的很偉大。哈哈哈。

孩子的留言

1.最想念香港的甚麼？

郊野公園，除了掛住香港的家人、朋友、食物，還有掛住針山、草山、大帽山。這裡的國家公園，雖然風景都挺漂亮，但太多平地，沒有像針山那樣的山，很悶。

2.最喜愛現居地的甚麼？

當然是有波踢，隨街都可以踢波，還有草地可以踩。

3.有沒有一句關於移民的話，想跟其他小朋友說？

Sky：不用擔心，不用害羞，有些同學會很主動幫你的！

Charis：這裡讀書無甚功課，你們放膽去嘗試不同的活動吧！好豐富的啊！

好書推介

金庸的書，兒子最喜歡《書劍恩仇錄》和《鹿鼎記》。

Pamela

贏在起跑線
移民反而打亂升學路

info

早教媽媽，教育心理
學碩士，擁有20多年
教學經驗。
育有三名子女，大兒
子現齡19歲，於英
國某大學修讀音樂。
2022年她帶著15歲
的小兒子和11歲的女
兒，以加拿大救生艇
計劃Stream A移民當
地。

一歲能寫 ABC、兩三歲已能閱讀簡單中英文書籍、4歲能默寫 Periodic Table、幼稚園 K2 已懂計三位乘數，以聖方濟各英文小學第一名考入拔萃小學，再以前十名內直升拔萃男書院。Pamela 說早在小兒子中一、中二時，已經對兒子升讀全球最頂尖大學有眉目，未想到移民加拿大反而打亂了升學路。

「To be honest，這時間這年紀選擇移民不是為子女是為甚麼？但是我很怕我的這個 decision，因做決定時資訊不足，令他明明有能力可以走一條更好的路，卻最終達不到。」Pamela 感慨地說。

Pamela 是早教媽媽，身為教育心理學碩士的她，擁有 20 多年教學經驗，曾任教中、小學。「早教」是早期教育的簡稱，指在孩子 0 至 6 歲時針對敏感期、發展需求進行教育，助幼兒的大腦充分健康地發展。「早教不是催谷，不是由朝到晚補習，而是在兒童早期進行認知訓練、培養閱讀習慣。」Pamela 解釋，她會預備一個早教寶盒，放滿了黑白圖卡、顏色書、不同觸摸質感的書、英文字母書、字卡，以及一些童謠唐詩，每晚和孩子看。「那年代還未流行，但我已會一邊換尿片一邊背乘數表、木蘭辭給他聽，跟他說不同的知識，讀幼兒百科全書，解釋太陽是甚麼。其實他不明白、背不到沒關係，我當一個和他聊天的媒介。」除了閱讀，Pamela 的早教還很著重經歷，「我會帶他去摸水果、摘草莓，特意安排到處體驗，小時候已帶他們到處旅行。」

在屯門長大，Pamela 與丈夫認定教育的重要，在大兒子入讀幼稚園前，毅然辭掉收入穩定的教席，每天帶孩子到何文田的培正幼稚園上學，等待孩子放學的三小時，她就在學校對面的九龍公共圖書館開始醉心研究早教，將所學實踐在剛剛出生的小兒子身上。「我真的不知道他是 gifted（資優）還是早教的效果，他的能力比正常人起碼高了三級以上。所有功課、測驗、考試都不費吹灰之力。回家自己搞定，轉頭考個第一給你看。」Pamela 說，移民時候小兒子處於尷尬年紀，未到升大學，卻又過了初中，「其實我真想過要不要讓兒子留在香港，考 DSE 好 IB 也好，拿一個亮麗的公開試成績直升大學，但我真的頂不住香港了，包括高中生要回大陸交流等等，所以權衡利弊後，我決定帶他一起走。」

非永久居民不能讀 IB

做一個決定，要考慮千絲萬縷的資訊和因素，可是有些微小卻極為重要的資訊，卻甚至乎當地的人也不知道。「我選了現在的這家學校是因為有 IB 課程，我親戚是加拿大本地人，她理論上應該熟悉這裡的教育制度，但入學見升學就業輔導後，才知道不是 PR（Permanent Resident 永久居民）是不能讀 IB 的！」Pamela 說，她總不能要兒子留班兩年等她獲得 PR 才去讀 IB。「他今年 9 月升 Grade 11，分數已用來計算升大學，然後一升 Grade 12 就要選大學了。」Pamela 解釋加拿大的「正常學校」是沒有公開試的，只會用 Grade 11、12 兩年的成績來上大學，「但這對香港人來說很沒安全感。」

Pamela 說雖然這裡有如男拔的私校，但學費貴且距離遠，實在不得不放棄。「現在是我丈夫一個人賺錢四個人讀書，經濟環境差很遠，而且我不懂開車。天氣好坐一小時車不是問題，那下大雪、天氣惡劣又怎麼辦？」Pamela 續說：「我現在是半單親家庭，一個女人

帶著兩個孩子。錢是一個很大的因素，另外就是究竟我有沒有能力去控制整個狀況。」

此路不通，唯有變陣。於是 Pamela 又到圖書館尋找答案，她借來諸如「如何進入長春藤大學」的書，自己讀之餘也逼小兒子一起研究，例如如何考 SAT（美國大學入學重要參考條件之一）、參加數學比賽、以義工和學術外的專長增加入學機會，「如果在香港的話這些完全不用煩，IB 拿到 45 分就是入場券，一定高人一線。」IB 滿分，是 45。對小兒子如此有信心，是因為 Pamela 比較大兒子讀喇沙書院以獎學金入讀劍橋的同學，以及小兒子讀男拔同樣以獎學金入讀哈佛的師兄，他正走在同一條路上。「但來到這裡是零，因為我們沒有身份。」Pamela 說，她和兒子現正陷入了迷惘。

「坦白說一個十五六歲的男孩，比較內向文靜，難撬開他的嘴巴。我經歷過大仔，知道男孩子到了這個年紀不會想跟媽媽說太過內心的事情。」Pamela 解釋，小兒子的迷惘是

多方面的，這讓他來加拿大後的適應相對熱情外向的女兒困難。「我小兒子是典型香港的『數仔』。如果你去過奧數比賽，你會知道『數仔』是甚麼樣子的，他就是這樣。另外就是他太過習慣坐定定考試的模式，不會積極發言。他是一個很聽話，很 follow the rules 的人。在香港有很清晰的 rules，例如考試的 rules、讀書的 rules，所以他很適合在香港，但來到之後我不知道 rules，他又沒有 rules，大家都在摸索，自然會迷惘。」

Pamela 形容他們一家在香港是慣了高效率生活的家庭，「放學後做功課、練樂器、去比賽、去演出，他都很快手，但他不擅長去鑽研一些東西，而我女兒性格不同，她會因為不知道加拿大的國會體制就上網去查。」

尊重幼兒不換片的選擇

Pamela 女兒原跟二哥一樣讀拔萃小學，但由於拔萃小學的全級首十名男生可以直升男拔，卻沒有通往女拔之路。為免龐大呈分試壓力，於是 Pamela 在 2020 年幫女兒轉讀 Maryknoll（瑪利諾修院學校）小學部，因為該校 70% 的學生能直升中學部。「所以你看，其實我最初真沒想過移民的，否則又怎會幫她轉校？」Pamela 形容女兒是一個很有主見的人，小時候已跟媽媽說自己要當舞蹈家，而且性格外向主動熱情，所以來加拿大適應得很好。「這裡沒有考試壓力，很適合她自由探索，跳舞學校頗看重她，安排她到比較高級的班，然後她又有領導力，懂去組織活動，所以她很適應這裡。」Pamela 說來到加拿大，還

讓女兒發揮了語言潛力，「這裡真的很國際化，她學了幾個月法文，就可以用簡單法文與人溝通，意大利、韓國、越南的同學教她幾句各國語言，她又可以每天跟人家說幾句。」Pamela 說因為女兒才是 11 歲讀 Grade 7，所以沒有哥哥無法升讀 IB 的問題。

如此努力安排小兒子考進長春藤大學，在外人看來 Pamela 似乎是一個好高騖遠、望子成龍的虎媽。「我不這麼認為，其實是當你見到他們這些孩子的溝通思考模式，以及能夠做到的事，會很想提供那個環境給他。」Pamela 形容自

己只是一個在屯門長大天水圍教書的凡人，是她的子女讓她開了眼界。「當我的子女一級級上，升讀各間名校時，你會很明白，不同的地方有不同的眼界。我真的可以告訴你，是有分別的。我不相信叻人去到無論哪間學校讀書都叻，因為視野和 frequency 真的不同。甚麼叫快樂？對於每個人的快樂定義都不同，但是找到合適的 frequency，我覺得對於我的子女來說很重要。」

Pamela 以加拿大救生艇計劃 Stream A 移民當地，修讀的是幼兒教育。她指移居後一切都適應良好，唯一怨恨是香港的改變迫使她移民，導致她為小兒子一直鋪排的路斷了。若要說在加拿大面對的文化衝擊，她想了一會兒道：「就是我讀書時，看到加拿大相信的那套教育理念。」Pamela 說在加拿大，不可教幼兒「you are a boy」或「you are a girl」，因為這裡很提倡性別和性向自由。另外是幼兒上學時的戶外活動時間，老師要尊重幼兒穿不穿外套的選擇。「三四五歲，他流鼻水你是不可以幫他抹的，因為你這樣是不尊重他的自主性！如果他不肯換尿片，或他不想戒片，你也要尊重他，因為他可能有自己的心理需要。所以整個背後的理念，是令小朋友感受到被尊重，感受到自己有

自由意志，之後他們就能為自己做正確的決定。但你叫我這個做了十幾年的媽媽忍手不理，實在有點難。」

Pamela 說，還有 risky play 和 rough play 也令她大開眼界。「即相對地可承受風險地玩和粗魯地玩。他們相信 3 至 5 歲打架不會牽涉甚麼深仇大恨，透過打架，打和被打的過程，小孩子會明白被人打是甚麼感受，也學懂保護自己，但這些我真的接受不了。」尊重孩子的自由自主，甚麼時候該讓他們自己去做決定，這絕對是永恆的東西文化差異所在。唯一相同的是，父母親永遠只能目送孩子的背影，看著他們慢慢長大脫離自己，獨立生存於天地之間。

我是香港人？

我的子女比較大，而且講廣東話、寫中文字毫無問題，所以我不會擔心他們失去香港人的身份認同，但反過來，我是想他們做加拿大人的。我不認為香港人這身份代表甚麼，他們下一代可能已經不懂廣東話或中文字了。雖然我會覺得可惜，但我不會強求。可能由於這裡太過國際化，我讀書實習的 child care center，會有日本人混血加拿大人，也有一個華人混血了印度再混了越南血統，這裡的小朋友混血得很厲害，令我思考香港人身份是不是真的那麼重要呢？

其實我父親一家六兄弟姐妹，除了我們一家以前在香港，其他人都在加拿大、美國、台灣等，各自在不同的國家有自己的生活，所以我對香港身份不會有很強烈的感覺，他們偶爾回港，也不過是遊客罷了。

寰給留下來的人

我可能比較偏激，我覺得最令我忍受不了的是學校教育。畢竟我在教育界這麼多年，無法接受孩子在香港繼續接受謊言教育。其實早在好多年前，我已察覺到教科書內容已慢慢地改變了，雖然我已離開了香港，但相信情況只會愈來愈嚴重。所以留在香港，你要頂著那個教育不會改變了你的小朋友，要能抗衡那樣的東西，否則你不會知道你的小朋友會變成怎樣。

❀ 離開時我爲孩子帶走了⋯

我帶了《十年》的 DVD，還有某幾份特別的《蘋果日報》，和《蘋果日報》出版的幾本書冊，還有一些中文書。有些東西，雖然你不想提起，但你又不會想丟棄它。這些東西對我來說有意義，如果小朋友有興趣看，也不是壞事。

另外，孩子最後一天上學，我準備了額外校服給孩子的同學簽名，然後好好保存帶過來，作為他們香港生活的回憶。

❀ 移居後印象深刻的一幕

玩雪，我真的一輩子也沒玩過雪。我們第一次去玩雪，還要上雪山玩，很大風雪，從來沒感受過。在這裡生活很能感受到大自然，雖然我已住得靠近城市，但我家的露台卻能看見雪山，日出日落很是漂亮。

孩子的留言

1.最想念香港的甚麼？

小兒子：多年的同學及朋友。大家各散東西，仍希望他日可以再聚。

女兒：香港的同學和朋友，我很喜歡跟我的朋友相處。

2.最喜愛現居地的甚麼？

小兒子：天氣及大自然環境。這是香港沒有的，沒有香港的壓迫感，真正享受大自然。

女兒：景色，特別是雪景。

3.有沒有一句關於移民的話，想跟其他小朋友說？

小兒子：學制不同了，要慢慢適應。

女兒：對於新事物，可抱著一試無妨之心，不用一開始就抗拒。

好書推介

《追龍》

作者：倪匡
出版：明報出版社
原因：小時候當作是科幻小說，今天讀來卻別有一番滋味在心頭。

梁錦柱

info

於1988年隨父母移民澳洲,現與太太思思及8歲兒子英志居於悉尼。現職工程師,十多年前開設「澳洲詠春同學會」,任詠春教練。

35 年前移民的港孩
那些年的逆境求存

　　步入「知天命」年紀的梁錦柱(William),是 35 年前隨父母移民到澳洲的香港小孩。

　　梁氏一家是上世紀 80、90 年代香港的典型移民例子 —— 父母輩為逃避大陸文化大革命來港,以為英屬殖民地可以安居樂業。誰知 97 大限將至,因為恐懼大陸政權管治而再度離鄉別井。「我那位『大中華膠』老豆是走得不情不願。」而 13 歲的他自然不知道共產政權是甚麼,也一頭問號。「我落樓下就可以吃到雲吞麵,又認識到很多同學朋友,香港那麼好,為甚麼要走?」

隨父母和妹妹從啟德機場搭飛機離開香港，一家人落戶澳洲悉尼西區 Guildford，而非當時港人聚居的 Hurstville 或 Chatswood。由於當時澳幣升值，那是父母帶來的前半生積蓄所能負擔的房價。William 被派到當區的公立學校，同學大部分來自越南、寮國、東帝汶以至印度，就是沒有香港人，自然沒有與香港人圍爐的機會。那種同聲同氣朋輩缺席所帶來的孤單感，也只能透過郵費較便宜的郵簡，跟香港舊同學抒發。

英語成了梁家來到異鄉面對的第一個難題。William 形容父親是一副「拒絕學英文的態度」，「我明白他們到了這種年紀要重新學習另一種語言是很困難，我媽媽還會看本地新聞學英文，爸爸就只看大陸電視台。他持守舊一代的思想，不接受新移居地的文化，我也沒他辦法。」

在港讀了年半英文中學的 William，自言小時候的英文是半桶水。「學校課本全都是英文，查字典都查到悶⋯⋯」幸好校方安排了老師協助英文有困難的新移民學生，「那是一位澳洲籍的女老師，她肯花心機去教一群英文程度不好的學生。還會教本地文化，教我們學習接受新事物。」至今他對老師仍心存感激，「最重要是，她令我改變了想法，與其去問為甚麼我要來澳洲，倒不如接受自己現在已經在澳洲生活，面對沒有香港人的環境、面對周遭全是不懂廣東

William開設的「澳洲詠春同學會」的練習者，都是住在澳洲當地不同種族的人士。

話的外國人，我如何跟人溝通？如何融入當地生活？怎樣可以做得好一點？」他深信，要靠自己改變想法，否則自己往後的日子就會跟父親一樣。「客觀來說，因為他們過往的保守、無知，在生活上束縛著自己。所以我知道，我不可以再做一個保守、無知的人。」如今已為人父，他自會理解當時父母面對移居澳洲的生活定有眾多憂懼。「只不過上一輩的父母，不會跟孩子說。」直至2023年，梁爸爸依然故我。

父與子的武術領域

言語不通，往往成為衝突的起點。William 在 35 年前面對過的問題和他所選擇的應對方法，或可給今時今日的異鄉港孩一點啟示。「初到澳洲，由於語言不通而被個別同學排斥，試過被兩個比我高大的同學圍毆。」他了解貧窮社區之所以產生較多種族問題，皆因打起架來都是鄉里「幫拖」，而他卻勢孤力弱。皮肉的傷痛與心裡的委屈，令他不期然衍生出學武自強的念頭。可惜，抱著多一事不如少一事的父母覺得兒子會生事，不准他學功夫。「實情是，我希望可以保護到自己。」這是一個離鄉別井的「香港肥仔」心聲，「當時處境，避開正面衝突也是一個明哲保身的方法。」

直至大學半工讀賺取到生活費，因緣際會之下，William 終得償所願，拜

在詠春大師葉問四大弟子之一徐尚田的徒弟馮傳強門下，全程投入學武；2009年更與師兄弟成立「澳洲詠春同學會」（Australian Wing Chun Association），並自資開設練武館，讓自己與有緣人在此安定練功夫。由被人圍毆的「香港肥仔」進化成為「武林高手」，這條自強之路雖然走來不易，但他還是能闖過35年歷練的木人巷，纍纍傷痕銘刻為彪炳戰跡。

對於練習詠春近 30 年的他而言，當中不只有木人樁、小念頭的強身招式，或出現「一個打十個」的電影橋段，更多是從年年月月累積下來的練習中，從心參透「見自己、見天地、見眾生」。

在武俠世界，想當然是子承父業，然而，William 那在澳洲出生的兒子英志選擇學的卻是巴西柔術（Brazilian Jiu Jitsu）。「因為我太太不是那麼喜歡拳打腳踢，哈哈。」他笑說：「這是一種異種格鬥技，是拉倒對手後躺著打；而小朋友程度的巴西柔術，與對手抓著到處走來走去，對孩子來說只是好玩。」他不是沒有帶過孩子到詠春武館練習，「他有看過，但不感到興趣。我教他站樁，他又沒有這個耐性。」既然如此，他亦不勉強兒子。

「中國功夫歷史上，有哪個功夫大師爸爸能夠教出同樣是功夫大師兒子？沒有。一個都沒有。父親不可以教兒子。因為是兩種心態——父子是命運的安排，爸爸有多厲害也不需要和他練，孩

子未必喜歡練功夫，也不一定喜歡跟爸爸練功夫。師父和徒弟是另一回事，徒弟覺得師父厲害才會拜師學武，所以徒弟是有求的，有這個意念和欲求，才會甘願辛苦練功夫；兒子則不會，他只會覺得是爸爸叫我做，所以完全沒有最重要『求』的元素。」

「縱然我們是父子，其實他也是另一個個體、另一個生命，就會有另外的想法，我便要尊重他的想法，不可以逼。」也許天命之年的功課，就是學會不應執著。「我現在只做一個愛練功夫的角色。」

中文書的三代傳承

相較於功夫，William 倒認為一定要將中文傳承下去。梁家帶到澳洲的資產，還有一個大書櫃的中文書。「我爸爸雖然只有小學程度，但對中文有濃厚興趣，收藏了很多中文書。」也許是耳濡目染之下，他自小就熱愛閱讀，可是來到澳洲後，不再像以往在香港般隨時隨地讀到中文書，想讀就得上大型圖書館；或後來回港探親，因利乘便在香港的書店搜購。現在的 sweet home 裡已不只一個櫃的書，「喜歡看（中文）書，就已經是喜愛中華文化之一，悠久歷史裡蘊藏那麼多東西，你怎看得完？」

或許是遺傳吧？William 從英志小時候就讓他讀很多書，心底裡是希望藉培養閱讀習慣，引起他學習中文的興趣。所以偶然返港時，亦會買一些中文童書回來。「可能他覺得沒有趣味，就不想繼續去學。」後來他發覺英志愛看漫畫，便用日本漫畫《我要高飛》誘導兒子。「他一看就覺得圖畫很過癮又有

些搞笑，但看不懂那些中文字，便問我那是甚麼意思。」為父的，起初會解釋給兒子聽，「後來我順水推舟說：『我不能逐字逐句解釋，如果你想看得明漫畫故事，就要自己學懂中文。』」

現時在澳洲要找到學中文的補習班並不太難，然而多數是教普通話及簡體字。不久前，William 終於找到一間由台灣人開設、用繁體字為教材的補習班，老師則是講廣東話的香港人。「英志講廣東話沒有問題。因為家裡從小就講，好讓他和爺爺、嫲嫲、公公、婆婆溝通。補習班老師從幼稚園程度的中文字開始教，他學了便回家抄寫。」現在兒子已經學懂寫自己的名字「英志」了，老父倍感安慰。「中文是很難學的一種語文，只好順其自然，看他有沒有這個福氣可以學到中華文化，讀我的藏書，或爺爺的藏書。如果有，那就多一個吸收知識的方法。」

都説知識就是力量，面對無論身處何方的將來，或任何突如其來的轉變，總不能書到用時方恨少吧？

我是香港人？

當我 13 歲的時候，我會覺得自己是香港人。但現在我會回答：我曾經是香港人，現在於澳洲居住，就是澳洲的人。我已經不再被「我是香港人」所束縛。我更加不打算回香港居住，在澳洲有新鮮的空氣，我可在這裡釣那麼大的魚。現在的香港過的不是我想要的生活。

至於兒子英志，8 歲小孩只會説自己是一個人。在日常生活中，我和太太有時會提及香港，從而加深小孩子對香港的認識，不過他可能只當是聽故事罷了。

寫給留下來的人

你在哪裡住，都沒有關係。只要你有自在的心態，就不會讓負面情緒影響到你。不想或不能走的人，要接受香港的變化，自己都要改變，積極一點，想好一點，就會令到自己更加成長。怎樣令自己可以過好一點的生活，就是隨處應自在。

孩子的留言

1. 最喜愛現居地的甚麼？

黃金海岸的水上樂園（Gold Coast Wet'n'Wild），因為好好玩！

2. 有沒有一句關於移民的話，想跟其他小朋友説？

學好英文，就可以跟其他小朋友一齊玩！

好書推介

《Principles for Success》

作者：Ray Dalio

出版：Simon & Schuster, Inc.

原因：這本書是給小朋友看的，亦是我去年送給英志的聖誕禮物。8歲的他有自己獨立思考，這是大人必須要尊重的，但怎樣令小朋友思考得好一些，這本書是有啟示，在他餘下的人生可以翻看這本書很多很多次！

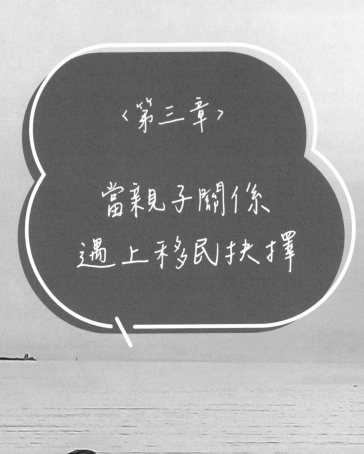

〈第三章〉

當親子關係
遇上移民抉擇

相片由 Catherine Au 提供

黃照達

info

Justin Wong,香港著名漫畫家兼媒體藝術家,著作包括《LONELY PLANET 1-2》、《HELLO WORLD》、《那城 THAT CITY》。2021年一家四口移居英國,兒子現齡13歲,女兒8歲。

如何跟子女說離港不是逃避責任？

　　如果離開的人都是逃兵,我們該如何教育下一代承擔責任?香港著名漫畫家兼媒體藝術家黃照達離港前原於香港浸會大學任教,未料有大學高層就其 2019 年反修例運動的文宣研究文章而報警,黃照達在衡量可能風險下於 2021 年 12 月匆忙離港赴英,妻子及子女隨後亦於 2022 年 3 月移居英國與之會合。

　　黃照達說,為免嚇壞小朋友,他最初突然離港時沒跟子女明言原因,待一家在英國團聚後,於一次教育兒子「遇事不可逃避責任」的對話中,未料當時 12 歲的兒子卻道:「爸爸那時候也是這樣啦,逃避責任走了!」對父母而言那簡直是「一刀插入你心」,黃照達說:「那刻真覺得很慘,不知道怎樣解釋這當中的複雜性!」

黃照達回想兒子說出這番話的因由，是他一直很少向兒子說明自己在畫甚麼，也不會說政府怎麼壞。親子關係，永遠是有危就有機，於是黃照達趁著這個機會從頭說起，向兒子解釋自己一直以來的創作、為甚麼要畫那些東西、有甚麼意義，以及香港的歷史和過去幾年的情況。面對年紀更小，當時只得 7 歲的妹妹，只能說一個更加簡化的版本。「要解釋，很困難。我只能說，政府做

黃照達移英後仍持續創作，並將一些作品寄回香港給牆內的人。

簽證申請，和 2021 年 6 月 24 日《蘋果日報》停刊，妹妹一家也帶同父母赴英，致使黃照達成為直系親屬中最後離開的一位，只是未想過離開得這麼倉促。「其實 2021 年 9 月警察就我在《明報》畫的漫畫發出投訴信後，我們已決定走了，但因為我在學校還有想完成的工作，加上太太在 M+ 工作，那時 M+ 快要正式開幕，所以想多待一年。」基於這背景，黃照達說子女對移居是有足夠心理準備的，只是最後要走的那刻卻混亂而急促，「因為當時我已身在英國，卻連自己的（香港）辦公室也未執拾，所以太太要幫忙處理，加上搬家等諸多實際事務；他們離開時更是 2022 年 3 月，正值 Omicron 剛在香港大爆發，所以相當辛苦。」

爸爸不是工人

對於香港不少中產家庭而言，移民的另一辛苦是沒了家庭傭工，不過這也是迫使父母和子女急促成長的捷徑。這種辛苦，不止於家庭裡缺乏援手，更是親密關係的斷裂。「女兒偶爾會說很想念香港，但其實是想念工人姐姐。」黃照達說，這位工人姐姐是女兒剛出生時聘請的，與兒子和女兒關係親密，只是兒子年紀大一點，沒那麼直接地表達。

沒了家庭傭工，照顧的責任就完全落在黃照達和妻子身上。身為漫畫家和媒體藝術家，黃照達較易在家工作做

的事未必全部都是對的。我畫的畫，就是要告訴別人它有些事做得不好。孩子們從小到大學習順從權威，像老師永遠是對的，我想打破這既有觀念，就算是警察，有做對，也有做錯的時候。而我是為了安全，才離開。讓他們明白，對與錯，其實不是這麼直接。」黃照達由衷地道。「其實都差不多用了一年時間，才慢慢讓他們明白我們為甚麼要來英國。」

黃照達的哥哥早於 2019 年初因工作需要已移居倫敦，那時反送中運動還未發生；妹妹原是《蘋果日報》記者，隨著 2021 年 1 月 31 日英國政府啟動 BNO

的照顧他們的日常生活。衣服不是我們洗，飯不是我們煮，碗也不是我們洗的，所以站在他們的角度，究竟是誰在照顧他們呢？自然是工人姐姐，爸爸媽媽不是那個 carer。但我來到這裡後，孩子們看見我煮飯洗衫，突然發現原來爸爸是 carer！他們有時候會覺得爸爸煮飯很辛苦，還會多謝我。這是以前沒發生過的。」黃照達說，他也是來到英國後，才慢慢建立子女要對家庭付出的概念，「我不斷跟他們說，我不是工人。他們長大了，要對家庭付出，例如以前他們吃完飯，碗碟放著不管就走了，但現在我會叫他們自己收拾，不讓他們覺得我是姐姐的 replacement。所以我覺得這改變都是 positive 的。」

Slasher，所以與妻子協調，讓她在英國回到博物館工作，兩人的薪金加起來，才能應付倫敦的生活費。在這組合下，黃照達自然變成家庭主夫，接送孩子上下課買餸煮飯一腳踢，「其實都要很長時間才適應到，有很多 struggle。」黃照達說，太太會負責清潔，兩人分工合作，但她在適應英國的工作文化上已有很多 struggle，不能再負擔太多。「其實有時都會迷惘，我這世人會否就是這樣？其實不會的，要叫自己不要胡思亂想。」黃照達說，不過因為這種改變，孩子才發現父母是他們的照顧者。

「當然孩子知道工人姐姐是我們請回來，爸媽是付錢的人，但我們很少真

小孩子的世界開闊了

孩子們離開香港時的不捨，因新冠狀病毒流行持續停課而沖淡了，同學之間的關係斷裂或疏離，加上網絡社交媒體流行，使移徙的不適應得到緩衝。黃照達說：「來了大半年後學期結束，女兒放學時知道聖誕長假期開始，一路

走回家一路哭，説見不到朋友了，可想而知她在學校真的很開心。」子女均入讀公立學校，黃照達説家長的其中一項不適應的事，在於看不見孩子們的課本與功課，不知道他們在學校究竟學了甚麼，會有點不安。「書是學校提供的，功課在學校做，他們做了些甚麼、學了些甚麼，我們完全不知道；及至學期末派功課見家長，那刻你才知道原來你學了這些。」黃照達説，既然家長不知道教學進度，那就無法催迫孩子，學習的壓力自然減少，但卻也不等於學得少了。

黃照達倒覺得孩子們的世界開闊了：「這裡一個跟香港的分別是小學就讀 History，女兒很喜歡，還會告訴我羅馬時代的廁所是怎麼樣。又例如 Religion，香港很多時如果是基督教學校只會教基督教，這裡卻可以是這學期教伊斯蘭教，下年就學基督教。你會覺得他們學的東西、看的東西闊了很多，而不是學科成績變得多厲害。」黃照達解釋，升到中學，學校還是會強調成績的，但制度卻不太一樣。「他們要應付 GCSE（General Certificate of Secondary Education，中等教育普通證書），見家長時，老師會跟孩子就每一科協定一個目標，例如今個學期你考 Scale 6，就會期望你下學期考到 Scale 7，讓你有個目標慢慢升上去。」藉比較而來的競爭心還是能鞭策學習，但卻不是跟別人比，而是跟自己比。

相對平等的自由

黃照達説，還有一些微細之處，可以見到教育或老師的用心，例如小學一班兩位班主任，除音樂、體育外，會教餘下全部科目。「我感覺那學習氣氛很好，學科之間可以互通，又不會到幾點有另一個老師進來打斷課堂。」黃照達還很欣賞老師鼓勵學生回答問題的方法。「你知道香港學生最怕舉手答問題，女兒的老師就讓學生不用舉手，而是叫意欲回答問題的學生在胸口這樣（舉起大拇指做比讚的動作）。這樣老師既能看到，卻又不會給其他同學壓力。我很是欣賞。」

一地之教育制度與模式，歸根究柢，是與社會結構和價值觀相關。黃照達説：「有些家長會擔心香港的小朋友來了這裡會沒了以前那種競爭力，但在那種成功就對、最緊要成績好的氛圍底下，成績不好的人怎麼辦？我覺得不是這樣，其實讀不了書，也 OK 的，最重要找到位置令他有成就。」黃照達解釋，由於英國不同工種的薪金差異相對較少，待遇較平等，所以各行各業各個崗位的工作也受到尊重，不會讓人覺得做廚師、司機，就是「次等的成功」。「香港你讀不了書就是 the end of the world，但這裡的人覺得成功不一定只有一條路，這其實是一個相對平等的自由，孩子們將來喜歡做甚麼就做甚麼。」

我是香港人？

　　沒甚麼東西令我覺得自己是英國人，我們只不過是在英國居住而已，連英國籍暫時也未有，所以香港人這身份對我來說很理所當然。兒子應該也會覺得自己是香港人，這身份都很清楚。但女兒還小，對香港認識不深，所以難說。

　　我覺得承傳香港身份是重要的，但會看時機，在他們這個年紀，很難跟他們討論身份這件事，尤其他們已經不在那個環境裡面，例如女兒可能連尖沙咀都沒有概念。或者待他們再大一點，例如拿英國護照時，有一個點令他們產生興趣去討論：會不會想找回自己的根，即我們從哪裡來呢？

　　我們習慣每天夜裡一起聊天和祈禱，偶爾我會講講那天香港發生了甚麼事，例如「羊村繪本案」，我們會深入一點去討論。當然不是說香港有甚麼不好，或英國比香港好之類，我們不想這樣比較，而是讓他們知道有甚麼事是我們要去珍惜的。

寫給留下來的人

　　最心底的那句說話是：先不談政治，單單是教育。我覺得來到英國，孩子學習的世界真是廣闊很多。留在香港沒問題，但真的不要只專注於孩子在學校的成績。我們一直在學校裡學的東西都關於學科，但你來到這裡跟一些外國人聊天，就會發現香港人的話題很狹窄，我們講不到自己經驗以外的東西。例如認識羅馬帝國以前的廁所，當然這些不是甚麼重要的東西，也不會讓你的成績變好，但你會覺得孩子的世界和他們的成長可以廣闊很多。所以留在香港，家長也可以額外花多一些努力，讓孩子學到學校學科以外的東西。

✿ 離開時我為孩子帶走了⋯

　　因為離開時的過程十分倉促，所以沒有特別想到要帶甚麼。因為我們沒有足夠時間收拾取捨，最終大部分的家當都寄了過來。

❀ 移居後印象深刻的一幕

記得初來時是初夏，我們不時也會到家附近的公園玩。那個公園其實沒甚麼特別，只是一個超大的草地，人很少。但想到如果在香港要感受這些大自然環境其實一點都不易，因為一定到處是人，天氣也熱，所以我們那刻都很珍惜這個好像可以靜靜享受的環境。

孩子的留言

1. 最想念香港的甚麼？
朋友，因為我們經常一起玩。

2. 最喜愛現居地的甚麼？
學校，因為認識了很多新朋友。

3. 有沒有一句關於移民的話，想跟其他小朋友說？
很掛念你們，相信將來一定可以再見。

✿ 好書推介

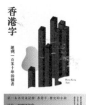

《香港字：遲到一百五十年的情書》

作者：董啟章
出版：新經典文化

Sandy Wong

info

前中學老師、兩子之母。

一家四口：Sandy、曾志豪、現齡8歲的哥哥靖靖，和現齡5歲的細佬。

媽媽的修行
別小覷孩子當下的困難

　　離開了的人，最掛念香港的甚麼？ 在細佬眼中，香港是「7樓」（香港住宅的層數）；於哥哥眼中，香港是「朋友仔」；Sandy 眼中，是一個個熟悉的「路牌」與「街道」；在曾志豪和我們眼中，可能是《頭條新聞》。

　　Sandy 小時候也曾經歷移民，從內地到香港，當年的經歷讓她明白孩子面對新生活的不容易。但這次身為媽媽，當下的修行卻是「別因為自己曾經歷過移民的辛酸，就以為既然媽咪當年都得，你哋點解唔得，更不要因此冷漠地面對孩子當下的困難。」

2019 後，大家都考慮走。壓跨 Sandy 一家的最後一根稻草，是看到《蘋果日報》停刊。丈夫是傳媒人，可以預視往後的創作及發揮空間有限，故毅然動身。原是中學老師的 Sandy 也深明教育對孩子的重要，「眼見家政科也要商討如何加入國教、國安元素」，她知道留下來，孩子會遇到甚麼，於是一家四口就這樣漂流到台灣。

對 Sandy 來說，曾經對台灣有夢幻式期待。大家都認為台灣與香港是文化最相近的地方，所以移民當地一定很容易適應，我們卻忘記了，離鄉別井，從來都是沉重的。明明台式食品、烤肉、珍珠奶茶是平日旅遊最愛；但當這些成了生活日常後，一串港式咖喱魚蛋或魚肉燒賣，就已經足以催淚。

她不諱言，移民的前期差點抑鬱。離開熟悉的地方，最好的朋友，有感情的學校，換來的卻是不少挫敗。孩子初來台上學適應不易，原以為會是 Happy School，卻原來測考天天都多。一年班的功課作業，竟然試過要孩子在校朝七做到晚七才能離開，加上語言轉換不是三五天就能處理的事，照顧一對年幼小兄弟的壓力可想而知。送完孩子上學，就要處理家務。忙完半天，稍為吃點午飯買餸，已差不多要預備接孩子放學，然後又要預備晚餐。日復日，這樣的生活累嗎？「最累是那份舉目無親的感覺，沒有了四大長老與家傭，想兩口子去拍拖吃飯也是奢侈。」

坐困愁城也不是辦法，Sandy 感激老公的細心，知道她的難處後主動調動工作時間，讓兩人可以有一同喘息的空間。抽時間中午一齊出街食飯放鬆，並主動在周末承包照顧小孩的工作，讓 Sandy 假日可以約朋友玩，或是上不同的興趣班。漸漸地，她學會走進社區，投入身處的地方，擁有這裡的朋友。這裡的素描班、跑步班、瑜伽班，都有她

的蹤影，也漸漸地，臉上的笑容多了起來。「要愛惜自己，aware 個人情緒很重要，多些行出屋企，走入社區，才能投入新生活。」這是她給媽媽們移居各地後的小建議。

小朋友眼中的7樓

直至現在，弟弟每次入電梯也會下意識按 7 樓。因為那是他們在香港的家，孩子的鄉愁，就是在這些細節上流露。每個孩子的感受也是真實的，我們以為那只是一丁點壓力，卻是孩子心中天大的事。

她以孩子初來台灣，一家人拆箱的一幕為例，當時數十個紙箱運到台灣的新家，他們看著那些紙箱，是他們在香港這地方所帶來的一切。想到這地方就是他們一家將要安身立命之所，心中百般滋味。拆箱時，她以為只有 4 歲的弟弟會一直鬧著玩而已。大半天過去，赫然發現他也累得在紙箱中睡著了。這個小朋友用自己僅有的力氣，拆開每一個屬於自己的世界。他如獲至寶地珍惜每一樣在香港帶來的「家當」，務必要親自打開。在這裡重新見回它們，弟弟才可安心睡

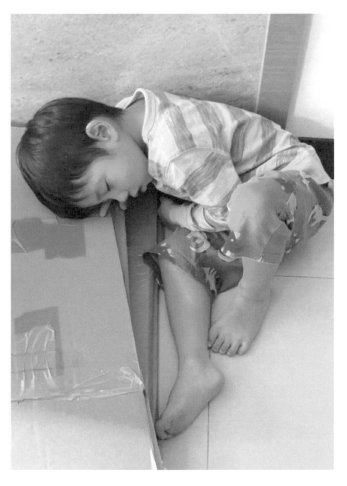

覺。「那一刻的他，細個得㗎，又長大了一點。」雖然 Sandy 一家帶不了 7 樓過來，但也盡力把 7 樓的一切帶過來，最少弟弟感受到這份安全感。

幾個月前 Sandy 回港探望家人，在旅途中刻意影低每樣關於香港的東西，車道上的路牌、港島的叮叮、機場巴士、隧道、綠 van……她說自己這趟是帶著任務回來的。她將自己一直以來在香港「見慣見熟」的東西記下，「因為我們一直以為理所當然、每天都可以見到的

事，原來會轉眼間，就不知甚
麼時候可以再見。」按下手機
拍照一刻，是傷感的，但也是
她可以為孩子記下香港的原始
方法。

承傳我們的香港

身為中文老師的 Sandy，
拍照以外，也用另一種方式記
下香港。現在她為海外的香港
人家庭進行網上中文課，教他
們廣東話及中文字，也稱得上
是延續自己的專長。她每次備
課也用上很長時間，但卻很享
受這個過程，因為「當我們問，
為甚麼香港人要離散？那原因
就正正因為太愛香港，不想忘
記香港。所以，每當我們做一
些關於承傳『香港』的事時，
就會覺得很療癒。」這也是她
堅持繼續春風化雨的原因。

丈夫曾志豪也同樣用自己
的方式去療癒自己、療癒大
家。身為前港台節目主持人的他，離開
香港後有一年多「空窗期」，沒有機會
在主流媒體上製作節目。Sandy 形容看
到丈夫這段時間的堅持與努力，也激勵
了自己。「離開自己熟悉的地方，好多
人以為要放棄晒一切，但唔好以為自己
離開咗，就乜都做唔到，香港人仲可以
做到好多嘢。」

是的，我們都看到曾志豪如何憋住
一口氣，義無反顧地上山下田、風雨下
單車遊台拍《夕勢打擾晒》。然後，這
節目成為了在台港人必看之選。

Sandy 一家用自己的方法去延續「香
港」故事，在投入一片新土地的同時，
展現香港人的光芒，珍惜每個互相療癒
的機會。

我是香港人？

對，毫無疑問會答是「香港人」。雖然我不在香港出生，初來港時亦經歷過學業上的挫折，但一路走來，這 20 多年間經歷過的事，在社會事務上的參與，一步一步建立了香港人的身份認同。大學時我們傾莊，會談對六四的看法、到後來經過 2012 年的國教事件、2014 年的雨傘運動，以及 2019 年的事。每一次，都只會令我更深地覺得自己是香港人。

我的孩子，他們喜歡香港，香港的朋友、家人，香港的家，一切一切。所以當他們知道我回香港時，會特別叫我去一些他們掛念的地方拍照留念，包括我們當時在香港的家。在他們心目中，那裡才是「家」。

寫給留下來的人

很多人都有放不低的東西，所以每個人對離不離開，都有不同的考慮，不能一概而論，說一定要走。若留下來，覺得不心安，可以考慮離開；相反，找到自己心安的生活方式，就不論身在何方都可。

世界很大的，路亦有很多，不會只有一條出路。但千萬不要因為習慣了，就不去想未來的路。

❀ 離開時我為孩子帶走了⋯

「四大名著」是當時孩子在香港愛看的書，因為看得太多，都已經爛了，原來以為可以返香港再買過，卻原來出版社都已經關門了。所以，不要以為一切都理所當然會繼續存在，這亦是我數月前回港為甚麼連一街一景、一草一木也要拍下來的原因。因為，我怕有一日，無得再見。

當然，小朋友的公仔、玩具，我們全都帶來。因為這是孩子安全感所在，也是為甚麼弟弟無論如何也要親自拆箱的原因。

孩子的留言

1. 最想念香港的甚麼？

細佬：我最掛住7樓。

靖靖：我最掛住一齊玩大的朋友。

2. 最喜愛現居地的甚麼？

細佬：我最鍾意台灣有好多遊戲玩，有好多花花同聖誕節禮物。

靖靖：我最鍾意台灣的小食，例如地瓜球，以及Pokémon機台。

好書推介

《勇敢小火車：卡爾的特別任務》

作者：賴馬

出版：親子天下

原因：這是哥哥靖靖的最愛，書中內容說的就是小朋友如何在陌生的新環境中，克服恐懼。

喂爸

It's OK to not be OK
正視移民給孩子的衝擊

info

YouTube頻道《YBA喂爸》主持人,一家五口於2020年12月移居加拿大。移居後進修研究院課程,並在院舍兼教電腦課程。太太Bianca做回老本行,於省級能源監管機構工作。三名子女分別是現為11歲的大哥Miles、5歲的二哥Wyatt和4歲的妹妹莎莎。

　　很多家長說為了子女才移民,但其實大人一句說要走,小孩子就只能跟隨。喂爸明白對子女來說,他們不知道「移民」是甚麼,突然離開了一個自己原本很熟悉,甚至喜歡的生活,去一個不知道是怎樣的地方,像摩西離開本族本家一樣。因此他心裡很明白大兒子Miles初到加拿大時,為何很不開心。

「小的兩個來加拿大時才兩三歲，基本上只要黏著父母便行，所以沒有問題。」喂爸說。但對 Miles 來說，是另一回事，畢竟離開香港時已 9 歲，早已建立了自己的圈子。

「其實他臨走時已開始不開心，因為要跟很多人說再見，有老師、同學、親人；來到加拿大後，面對著新的同學，卻又未能夠很快建立新的關係。頭半年對他來說，應該是很難熬的。」

他記得，兒子上學的頭三天，他問兒子有沒有同學陪他玩，他說有；但到了第四天，就說「沒有朋友了」。原來頭三天的「朋友」是老師指派去陪他的同學，第四天任務完成了，就完了。「對我來說，聽到這是很心酸的。」

慢慢，Miles 就麻木了自己，說：「沒有朋友就算了，我自己一個人也可以的。」所以他寄語其他小朋友的說話是 It's okay, everything will be fine，會過去的。

後來學校老師留意到問題，與社工一起教他怎樣認識新朋友、和別人建立關係。父母也鼓勵他保持樂觀正面，尤其不能把心門關上，自己出不去，別人進不來。

三個月過去，喂爸漸漸看到兒子在校開始有朋友，「有時是撞啱的，有段時間有個小女生很喜歡跟他玩遊戲，志趣相投就變成朋友。」

學校外的緩衝區

還好，喂爸一家住的地方，有一群剛移民來加的香港人。大家成為鄰居，子女讀同一間學校，有些上同一間教會，因此每星期都有幾天會見面聚餐。大人混熟了，小孩自然也就一起玩。「所以即使 Miles 在學校裡未必擁有很多朋友，但至少放學後，他有鄰居朋友仔，也算是他的一個心靈緩衝。」

不過，跟鄰居混熟也衍生出另一個煩惱：兒子會拿自己和人家比較。例如別人家的孩子可以每天做一些事情，去跟父母交換打機時間，但他平日卻不能打機，只可以在周末無限任打。

可幸，太太 Bianca 也是一個既有原則，也願意跟孩子討論的媽媽。於是當 Miles 質問「別家的小朋友怎麼可以天天打機」時，媽媽就跟他討論人家付出了甚麼代價，去換取每天有限的打機時間。然後請他自己比較，他付出了甚麼，讓自己在星期六日可以無限任打。最後，由他自己作出選擇。「我覺得這也是教育的一部分，孩子有甚麼問題就跟他討論、說清楚。」

與青春期孩子相處，讓他們自行思考、有份作決定，是很重要的。「我之前以為太太定的規矩，沒有特別經過深思熟慮。這兩年間沒有了長老與外傭的幫忙，她都可以處理得有條不紊，我就

明白，她背後所付出的心血。好像 Miles 想打遊戲機那事件，我也是了解過後，才發覺其實對孩子的每個要求背後，都有想法，像雙方進行合約一樣，可以討價還價。孩子可以自己衡量利弊。」

我的超人太太

因為喂爸太太的工作容許 work from home，Bianca 為了應付工作，同時要管理家庭和看管子女，她採用了蕃茄工作法（Pomodoro Technique）來進行時間管理。她為孩子制定任務表，譬如說：每天要完成五件事，包括半小時閱讀、半小時畫畫、半小時玩玩具、半小時家務、半小時祈禱等等，完成後就有獎勵。可能是看一會兒電視，或吃一件蛋糕，視乎三兄妹各人的喜好。

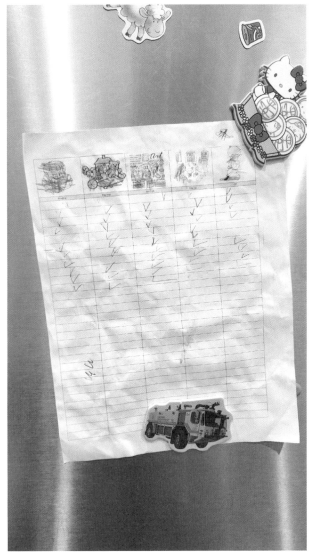

平日孩子放學回家後，這樣進行一個循環，消磨三小時，也差不多吃晚飯了，與此同時 Bianca 的工作，也是時候下班了。面對三個孩子，一日三餐，一堆家務，每人一份工作，還要兼顧讀書，吃力嗎？

跟很多移民家庭一樣，沒有了家人或家傭的支持。每天的柴米油鹽，對兩夫婦的關係是一大考驗。前路一切都像是見步行步，不知將來會如何，那種不確定性確會令人不安。高壓生活下，喂爸不諱言，是信仰維繫了他們一家的感情。在教會中一起事奉，經常讓他看到太太更讓人佩服的一面。而教會的弟兄姊妹帶來的互相支持，以及心靈上的安定，成為了他在 Calgary 的亮光。

我是香港人?

　　華人進入西方社會,怎樣都要知道自己的根在哪裡。這不是尋不尋根的需要,不然怎去告訴別人,自己其實是一個甚麼人。人擺脫不了外表,在一個 multicultural 的社會裡,要有 individuality。當你對自己的出生地,或者你從哪裡來的根,多一些認識,就可以在多元的環境裡有個人的獨特性。

　　對大的孩子來說,廣東話是母語。但對年幼的弟妹來說,將來還會說廣東話嗎?目前兩個哥哥都會說廣東話,而妹妹就較中英混雜。我不擔心孩子將來懂不懂說和寫中文,畢竟上中文班只是令家長心理上安心。我有位從廣州來的朋友,兒子從小到大也有上中文班,來加八年了,即使有上課,現在也只會講和寫很少中文。試想想,孩子星期一至五在學校接受自由的教育方式,忽然要他們星期六上填鴨式的中文課。孩子自然不會享受,結果當然是學不好。

　　要傳承香港人身份,倒不如用人情或故事,例如孩子們想念爺爺、嫲嫲、公公、婆婆,就跟他們說長老的故事,當中加插跟香港的歷史和文化有關的細節。又或者弟弟喜歡電車和天星小輪,就給他們看照片,讓他們記得香港的交通工具,用興趣去延續他們對香港的感情。當子女長大開始尋找自己是甚麼時,我就會多跟他們說,他們是來自一個怎樣的地方。

　　至於我自己對香港的感情,卻有點出乎意料的轉變。不久前我回香港一趟,竟沒有預期的難過,感覺像是返鄉下,回到一個熟悉的地方,但自己卻成了她的過客,感慨也是有的。

　　現在,香港是我的根,但不再是我的家。

寫給留下來的人

如果有計劃要離開的，最重要是走的時候一家人一起走，不可以像上一代那樣做太空人。因為這對夫婦關係有很大的挑戰，而對小朋友來說，父或母都是一個很重要的元素。

至於不離開的，也是為自己和子女做的一種選擇。我們現在做的抉擇，其實都是為了應付我們的將來。如果父母預視未來世界會是一個戰場，選擇讓子女在戰場上學習成長，也是一條出路。

❀離開時我為孩子帶走了⋯

玩具。在一個不熟悉的地方，如何給小朋友熟悉的感覺呢？床不能帶，就用他們一直玩開的玩具，繼續圍繞著他們。

✿ 移居後印象深刻的一幕

　　我們家有三間房，最大那間給了孩子，放了兩張碌架床，讓三兄妹多一點睡覺前的相處時間，他們吵架又好，互相騷擾又好，都是一個過程、一個成長點滴。這房間也是我們一起說故事和祈禱的地方，希望成為他們難忘的回憶，畢竟長大了，就不會再有。

孩子的留言

1.最想念香港的甚麼？

最掛住屋企同家人，就是爺爺、嫲嫲、公公、婆婆他們，因為他們都很疼我。

2.最喜愛現居地的甚麼？

這裡會下雪、學校大些、公園大些、屋企也大些。

3.有沒有一句關於移民的話，想跟其他小朋友說？

Miles: It's okay, everything will be fine.

會過去的。是會有不開心、不捨得，但是可以的。

好書推介

《你很特別》

作者：陸可鐸

出版：道聲出版社

原因：這書想說的是每個生命都是獨特的，不要因他人的眼光而讓自己的獨特之處消失了。不論是不是基督徒，都值得看。

天爸

info

前香港傳媒人，現為一所華德福中學的教師。

2015年和太太帶著三名年幼子女移民台灣，現居於新竹。大女兒現年14歲讀八年級，兒子10歲讀四年級，小女兒8歲讀二年級。

別以為自己
為子女移民好偉大

大門勿停車

　　回帶2012年，雨傘運動也還未發生，在香港土生土長的天爸30多歲，正是三十而立。在香港的電視台工作，事業有成，可卻已開始思考連根拔起移居他鄉，為的只是不想子女接受港式填鴨教育。

人們都說，孟母三遷很偉大，犧牲確實有，但天爸卻說：「不要覺得是自己已經為小朋友做了甚麼甚麼，其實小朋友是為你而離開他熟悉的環境，所以不要覺得是自己怎麼偉大。」天爸說，對於即將或已步入青春期的小朋友，突然進入一個完全陌生環境的遷徙尤為痛苦。

可能也正因為如此，天爸在孩子還小的時候就起行，「我的人生已走到一半，而他們的才剛開始。」2012 年，大女兒剛入讀 K1，天爸撫心自問能否放下心儀的工作，把孩子放在首位，成就他們的未來？

為孩子教育放下自己

他的答案是肯定的！天爸回憶初心：「我離開不是因為政治問題，也不是為了追尋優質生活，而是要我的子女在一個良好的教育環境裡成長，令他們的人生充滿希望。我是為他們教育移民的！」可這用心，卻不能直白地向子女宣之於口，否則就會對子女的心理帶來巨大壓力。愛，是無聲的。

坐言起行，天爸開始踏上尋找沒壓力且愉快主動的學習路。及至 2013 年末 2014 年初，天爸趁到台灣喝喜酒之便，特意跑去朋友推薦的宜蘭慈心學校深入

探訪。

誰知道踏入學校，竟發現校園沒有圍牆，天爸甚覺驚訝，心想會否對學生造成危險？那時剛巧是午飯時間，他看見一些小朋友在洗碗，有些更在廚房煮食物，再往前走一點，竟看見學生們在建房子！他心想：「發生甚麼事！這是所甚麼學校？」接著推薦他來的朋友帶他去認識家長，天爸忍不住問：「其實你們這樣讀書，升不升到大學？」

未想到這位家長如此回答：「為何你這麼介意子女升不升到大學？其實他們找到自己的人生目標，不是更加重要嗎？」這句話對天爸而言，簡直是當頭棒喝。

天爸回憶童年，父母給他很大的自由度，對他的學業不曾給予壓力，不求考好成績，只求他做個好人，不學壞便行，而自己的成績一向不優秀；直到唸中二，視傳媒工作為事業發展目標後，才發奮考入台灣世新大學唸傳播電視。既然欲秉承父母的教育理念，同樣只求孩子做個好人，且已下定決心不要給子女太大讀書壓力，那又何須再介懷是否升讀大學？

不久，宜蘭慈心學校到香港舉辦教育座談會，推廣華德福教育理念。天爸發覺實踐華德福教育理念的學校，不正正就是他想為子女找的學校嗎？2014年天爸獲悉台南新開辦華德福小學，他和

太太喜歡台南的純樸氣氛，決定舉家移民台灣。2015 年天爸和太太帶著 6 歲的大女兒，兩歲的兒子和剛出生的小女兒落腳台南，大女兒更成為台南華德福小學的第一屆學生。

三階段教育學生成才

重視子女教育，嚴選學校，是父母的職責。究竟華德福教育何以令天爸趨之若鶩？天爸解釋：「其實成長是分開不同階段的，要在孩子不同的成長階段，授予適合於該階段學習的知識，那他們就可以學得很快。其實華德福是一個很高效率的學習方式。」

華德福教育源自人智學，人智學將人的一生每七年作為一個階段，而華德福教育針對首三個階段而設計出合適的教學安排。天爸指出，第一個階段是 0 至 7 歲，是意志力、行動主導的階段。小朋友要建立生活節奏，多接觸大自然；第二階段 7 至 14 歲，是情感發展的主要階段，「你跟他說道理是沒意思的，不過你令他感到有興趣，他就會一頭栽下去學習。」

所以這階段要用很多方法吸引小朋友的注意力，培養他們的學習興趣。在鍛鍊意志之餘，也讓他們與世界連結；踏入 14 歲開始第三階段，是思考發展的主要階段，故設有深入社會的課程，包括農場實習、社會服務，從而引領他們追求知識和探索研究，到奠定好基礎

後，在 15 歲至 18 歲時，更需要做專題研究並提交報告。

專題報告，聽起來似乎沒甚麼特別，香港的中學生每年也做大量的專題報告；可天爸舉出的真實例子，卻令人洞察前後兩者在學習的積極性與投入度的差異，更重要是孩子發展出改變世界的能力與決心：一位人權律師帶著一名 12 年級的華德福學生，訪問一名被判死刑的囚犯。探訪後，學生覺得那是一件冤案！他著手做專題報告，找來不同的法律人士研究審判書。又研讀法律條文，然後結合自己的觀點，集結成書，更將此出版發售，並把賣書所得款項全數捐贈人權律師事務所。

「這個例子很厲害，證明華德福教育是成功的。」天爸欣慰地說。「這就是我們說的追求自由、邁向自由的教育，但這並不是放任自由的教育，不是說隨他喜歡做甚麼就做甚麼。年紀愈小的時候，我們會給他們愈多的界限，讓孩子知道究竟如何適當地生活。當年紀慢慢變大，就由規限變為引領，讓我們一起去思考當如何生活。」

女兒作業廣東話歌詞

孩子年紀小小來到一個陌生的環境生活，難免也有不適應，對 6 歲大的大女兒來說，她聽不懂國語，也不會講，是天大的難題。天爸安慰她：「爸爸當年到台讀大學，花了七天時間便聽懂國

語。」女兒信以為真，加上年紀小適應力強，竟用兩天便能基本聽懂國語。

女兒今年 14 歲，天爸明白她踏入青春反叛期，擔心她整天聽歌而不做作業。兩父女曾為了功課發生爭拗，天爸好言勸慰：「我不介意妳的成績好壞，只介意妳有沒有做好本份。如果妳努力過，成績欠佳，爸媽會鼓勵妳，相反妳刻意放棄，爸媽便覺得妳沒有盡力。」經過那次溝通，女兒變得積極，更主動她留在學校做功課。「給予適當壓力，讓她重回正軌。」天爸深信父母的說話對孩子是重要的。

今年女兒讀八年級，要著手撰寫專題報告，選了廣東話歌詞為題。天爸得悉後欣慰女兒傳承香港文化，便介紹她聽 Beyond、Wyman（黃偉文）和林夕寫的歌。

當然女兒也有自己喜歡的香港組合 MIRROR，當中更最欣賞 Edan（呂爵安）。

傳媒人變身中學教師

定居台南，是天爸的選擇，轉行卻是天意安排。天爸來台前也未想過，自己竟由傳媒人變身中學教師。但究其因由，卻也與醉心華德福教育不無關係：天爸認為台南在教育理念方面相對保守。為了讓更多人認識華德福，便主動幫忙辦家長教育平台，增加家長和教育機構的互動和接觸，因而獲辦學團體及家長信任，邀請他幫忙學校籌備中學部。「我沒教學經驗，只是在找學校時，研讀過很多有關華德福教育的課程資料；加上當時我女兒已是四年級，也是時候要替他們那一屆的孩子計劃國中課程，於是毅然報讀高中師訓課程，因此了解到華德福學校的高中情況。」

世事難料，最後台南學校無法開辦中學部，他反而獲新竹的中學部聘為教師，其後太太也成為華德福中學的英文老師。

我是香港人？

來台八年了，畢竟三個小孩子離開香港時年紀尚小，對香港並不算有很深刻的印象。即使大女兒在香港住了六年，也不及留在台灣的時間長。他們不會反對自己是台灣人，畢竟他們自小便來台灣生活，對台灣的印象當然較深刻。

不過廣東歌與港產片的確令女兒覺得親切，說到對香港最掛念的，便是人。那人是我媽媽，她來探望我們，孩子最開心。

我覺得這一刻小朋友認同哪一個地方、哪一個國家並不是最重要，到他們長大後，便會有答案。

寫給留下來的人

移民不是由荃灣搬去柴灣，搬屋那麼簡單，是一件拔根的過程。當那棵樹苗很小的時候，要移植是相對容易的。但當那棵苗已經差不多長大的時候，就要考慮得很清楚，拔根的過程可能會令他折腰的。對有子女的家長，特別是對青春期的孩子，更要注意他們的情緒和心理。

我的大女兒離開香港時只有6歲，她已有要好的同學和朋友，當時我也要顧及她的感受，於是等她和同學一起完成幼稚園，畢業才離開香港。

移民前要先作自我評估，要充分預備適應新生活，否則「一動不如一靜。」

謝安琪有兩首歌，是陪著我行移民之路。一首是〈3/8〉，另一首是〈悟入歧途〉。

〈3/8〉
由這裡 行過去 行過去 下一區
誠實地 無懼地 隨遇地 行過去
彈指間 第幾關 原來都走到這裡
但我高興繼續漫遊於這裡
寫好這刻這一句

說的是人生經歷不同階段，人生該怎樣向前走。

〈悟入歧途〉，寫的是人生總有些事要去經歷、去冒險，你沒有經歷過，怎知自己做對還是做錯。

❀ 離開時我爲孩子帶走了⋯

我們這些寫字的人真係衰，明明家裡已經多垃圾了；但收拾時，每拿一件物件出來，就記起一份情感，最後pack箱的速度自然超慢，差點趕不了飛機。結果，我是把全家的東西都裝好箱帶過來，一共70多個箱，把他們所有的東西都帶了過來。

❀ 移居後印象深刻的一幕

離鄉別井，一家人最大的娛樂是遊覽台灣的好山好水。初時在台南，我們經常一到周末就到處遊山玩水，開著汽車去高雄、到台中。即使是食餐飯到處走走，也是一家人很開心的回憶。

自搬到新竹後，更愛上露營，不過孩子逐漸長大了，開始不願和父母到處走；於是他們便每星期留在家看一套電影，由初時看迪士尼卡通片，後來改看香港電影，《嚦咕嚦咕新年財》、《家有囍事》、《審死官》⋯⋯等，長大後的孩子，我們家就以廣東歌與港產片繼續承傳香港故事。

孩子的留言

1.最想念香港的甚麼？

他們最想念嫲嫲，每次嫲嫲從香港來一趟，他們就很開
心，到現在還會FaceTime，最想念的是人。反而我跟太
太就比較多鄉愁，我們最想念香港的食物，我們都是為
食的。

2.最喜愛現居地的甚麼？

他們都會說最鍾意的是同學，始終未有意識去區分台
灣、香港及澳門。他們所喜歡與掛念的，也就是當地的
人。

好書推介

《廚房聖經：每個廚師都該知道的知識》

作者：亞瑟‧勒‧凱斯納
出版：橘子
原因：因為移民後，每個家庭都要識
煮飯。

譚偉健

英德兩地親子情
離別的距離在心之遠近

info

資深傳媒人，
Facebook專頁「跟
住爸爸食買玩譚偉
健」版主。
與同為記者的太太秀
芳於2023年初移居英
國過退休生活，女兒
譚澄現時在德國唸語
言學校，計劃在當地
繼續升讀大學。

送孩子放洋留學，是許多香港家長的心願。

譚偉健與太太秀芳在飲食江湖笑傲縱橫二三十年，一邊盤算兩口子人生下半場，一邊安排花樣年華的愛女譚澄到德國升學。在自由教養下成長的她，自小養成獨立個性，留學生活讓她磨煉出成熟的特質。現在大家的生活時區相差一小時，每晚視像通話，跟香港共處一屋的時候並無兩樣，講生活朋友飲食，談電影音樂文學；離別的距離，並不是地域上由 15 小時機程縮短至七小時，而在於彼此之心。

這麼遠，又那麼近。

「幼稚園、小學……一天又一天，一年又一年。

直至，你的小腳，長出長腿的雛型。而羽翼，也漸漸變得豐盛。

甚麼時候，你會飛出去呢？我常好奇的問。總有一天，你會振翅高飛，向著理想翱翔。

而我，會在老巢中目送，守候，盼望。盼望一天，在遠方天涯中，瞥見你歸來的身影，告訴我，遠方發生的一切事。」

譚偉健（健爸）在個人 Facebook 專頁上寫過這一番話，是他的心底話，大概也是天下父母的心聲。

「華人社會對養育小孩，常抱持住一種『孩子懷胎十月生出來就是我的』觀念；當孩子小時候沒有能力保護自己，大人應該要保護他，但大人只要保護到孩子長大成人，而不是保護他一輩子嘛！」健爸和太太秀芳自稱為「自由教養主義者」，女兒譚澄 19 年來就是在自由中成長，兩夫婦覺得是時候讓她獨自飛出去了。

德國公立大學免學費

「我們一直想送女兒出國讀大學，但自問經濟條件負擔不起英國、加拿大的高昂學費。」後來兩夫婦一次德國之旅，獲當地朋友告知，「原來在德國讀公立大學是免學費的，前提是德文水平要達至指定程度。」健爸覺得這條路

可行，便跟女兒從長計議。而從小接觸歐美音樂與文學的譚澄，對文藝氣息濃厚的德國也感興趣，於是便開始修習德文，由最基本級別的 A1 開始考到 A2。在唸香港浸會大學宗教及哲學系 Year 1 的時候，收到德國幾間大學的取錄通知；在芸芸中她選擇了不來梅大學（Universität Bremen）哲學系。在正式入讀前，大學先讓她在德國語言學校 CASA Internationale Sprachschule 深造，如順利考取到 C1 級（最高為 C2）就可以入學了。

其實在為女兒學業籌謀前，兩夫婦亦同時為自己計劃退休。「我有一群由細玩到大、感情深厚的中學同學，大家即將『登六』，早在 2017、2018 年就開始思考下半生應該怎麼過？大家傾談後決定，成就孩子入讀大學後，我們這群父母便一起住在一個地方過退休生活，互相照應。」牽頭的健爸最初部署移居目的地，是曾視之為第二家鄉的台灣。「到 2019 年 5 月後，香港政局開始動盪，自此之後，甚麼都不同了。」兩夫婦於是在翌年遞交移民申請，可是在期盼收到獲批通知的兩年間，台灣當局亦在收緊對港澳人士移民政策，他們便不得不改變去路。

到 2022 年底，健爸和秀芳把心肝椗送上飛往德國航班後的一星期，他們以 BNO 簽證方式的英國移民申請亦獲批了，他們可以專注於兩口子功成身退的日子。「時間上吻合得非常完美！我們

是開始走向降落的方向，腳步相對慢下來，不再需要為工作去拼搏，可以隨心所欲去做覺得舒服的事。來到英國豁然覺得，這就是我們希望下半生想要過的生活。」健爸深深感覺到，人算果然不如天算。「神為我們開的路，一切超出了我們所想所求。」人皆希望隨心所欲，然而心之所欲，又是否最適合自己？人如是，地方如是，此心安處是吾鄉，離或留者皆合宜。

獨立生活卻是充滿信心。

譚澄飛出去多月，兩夫婦有幾掛住個囡呢？「掛呀、掛呀、好掛住！我掛住她又不是牽腸掛肚那種，而是因為一家人一起生活 19 年了，未習慣分開在兩個地方；每天都會在想『她現在做甚麼呢？』的那種掛住。不過每晚 FaceTime 知道她一個人生活得安好，就足夠了。」爸爸甜絲絲地說。那麼媽媽呢？「我有時候想起她，便會在 WhatsApp 群組裡問她幾句、聊一會，算不算掛住？」英

FaceTime 三小時無所不談

健爸的朋友、或他 Facebook 專頁的 fans 都會知道，他是個超級愛女兒的爸爸；而媽媽秀芳雖然沒有宣之於口，但其實對女兒也是無微不至的。這是因為生於 SARS 之時的譚澄，在母腹之中已經感受到媽媽懷著她的艱苦？小小美人兒因而遺傳了堅強基因，從小就比同輩孩子成熟懂事，加上幼承庭訓，自家煮一日三餐無難度，羽翼豐盛足以獨自飛得更高更遠。天下父母總是長憂孩子到九十九歲，健爸和秀芳縱有擔憂與萬般不捨，對女兒在德國過

女兒

德兩地時差一小時，每晚通常在飯後開始連線。「前一晚和阿囡又聊到很晚，其實第二天她還要早起。我沒有特別計算時間，最長一次好像試過聊三小時。」健爸説。秀芳接道，「兩父女可以聊很久，跟香港的時候一樣無所不談，像是認識了甚麼新朋友、返教會怎樣、煮了甚麼吃、讀過甚麼書。」健爸又説，「我覺得和孩子分隔兩地的父母利用科技聯絡，不要只流於『你今天吃了飯沒有』之類的生活匯報，而是可以深入地傾

談，彼此交流感受。」縱然分開在兩個時空，卻又似是活在同一天空下。

離別是為了重聚。趁著學校復活節假期，譚澄飛往英國與父母重聚，相隔五個月，一家人在異鄉的新家中，再次一同煮東西、一同鏟草、一同睡前看電影。看到女兒別後快速長大，作為母親也覺得，「她本來已經很成熟，現在更成熟了。」

「她告訴我們，現在的德文水平足以應付日常生活，如買東西、跟人寒暄，以至簡單分享自己想法。她覺得以前紙上談兵，學到的只是語言相關的一堆知識，要實際運用很難。但現在生活在德文語境，感覺自己進步很快。她説有趣的是，有時在街上聽路人説話，會沒意識到他們在説德文，不用將耳朵聽到的德文在腦中翻譯，直接就能明白。」秀芳感觸説：「她很感恩是，現在認識到德國人、香港人和不同國籍的同學，其中很多是烏克蘭人。和他們相處聊天後，阿囡發覺在這個地方長大的年輕人，其實都很單純，很喜歡和他們相處；相比之下，香港年輕人則較醒目。」女兒非常融入德國之中，打

算大學畢業後繼續留在當地，邊修讀碩士邊工作，更計劃申請永居權，長遠希望留在這個異鄉發展。孩子是否落葉歸根，不同年代，方向也不盡相同；對自由教養主義的譚氏夫婦而言，孩子日後留德？來英？回港？都無所謂了！

「阿囡她現在不知幾開心！」健爸由衷地說，「家長不讓孩子獨立成長，其實是害了他。當他可以飛的時候，你不讓他飛出去，繼續將他關在籠裡餵養，他將來飛不出去就沒有用了。你想他飛得遠，就要放開他飛出去。就算你有萬般不願不捨也好，作為父母都要完成這個使命，現在我們兩個正在努力去實踐。」

我是香港人？

秀芳：香港人，就算是 2019 年之前去外國旅行或出差，都是說：「I am a Hongkonger」，也沒有想過說自己不是香港人，或者以後會說是住在英國的香港人。

健爸：現在是香港人，將來是來自香港的英國人。

在香港的時候最喜歡去大埔墟街市買餸，還會去熟食中心幫襯開店半世紀的平記吃雲吞麵，配一杯茶走和鮮奶油占醬厚多士，是我倆的 comfort food。有些在香港的朋友奇怪地問「你們那麼愛吃，竟然捨得離開香港，還要去出名沒有美食的英國？」也聽過不少移英港人來到自由的國土還要抱怨「怎麼沒有好吃的雲吞麵？」唉！我常引用《聖經》一句：「人活著不是單靠食物。」何況我們兩個做飲食記者都超過 20 年，以我們的 sense，在家附近的濕街市或中超，常常會發現到不少好食材，然後就照辦煮碗，譬如自己包韭菜鮮蝦雞肉雲吞，用香港老牌大孖魚蛋醬煮咖喱辣魚蛋，用九龍

城買的滷水包熬滷水膽浸煮五花腩，還有香港人不會未吃過的炆蘿蔔清湯腩、焗豬扒飯。誰說英國「無啖好食」？複製這些香港味道，多少能一解鄉愁。

寫給留下來的人

秀芳：要把握時機，要走就快點走。

健爸：＿＿誠可貴，自由價更高；前兩個字留空給留在香港的人自己填充，不論認為甚麼最可貴也好，自由是比那些東西的價值更高。用煮食來比喻，自由是最好的萬用調味料。

❀ 離開時我為孩子帶走了…

在女兒小時候，收到我朋友送的一個很漂亮的瓷盒，說是英國人的習慣，會放自己很私人的物件，例如乳齒、初生時的頭髮等，我們一直保存著。

❀ 移居後印象深刻的一幕

最深刻的事，是適逢張國榮逝世 20 周年，於是趁著女兒放假來英國的時候，一家人一起去哥哥生前讀過的列斯大學憑弔。記得當日在淒風苦雨下，驅車一個半小時到達目的地。但其實我們對校園地理完全一無所知，只憑三股熱血到處探索查問。就在茫無頭緒下，忽然見到在一間古老磚屋下堆疊了一些物件，於是便走近看看，竟然花海如潮！原來這裡正是歌迷悼念哥哥的地方！當中有花束有相片有信箋，大家紛紛借「哥」詞來懷念偶像。此情此境，我們呆住了，原來記掛他的人，真的可以那麼多。我們逐張卡細看，每個字細嚼。女兒對這位巨星完全沒有時代隔閡，因為她是看哥哥的電影、聽哥哥的歌長大，鍾愛得不得了，是個後榮迷（張國榮去世後才迷上他的歌影迷）。

孩子的留言

1. 最想念香港的甚麼？

以前在香港常吃的食物，如：燒臘、魚蛋粉、雞蛋仔等。一來德國食物又貴又難食，二來始終香港的食物由細食到大，總會覺得親切些，也較吃得慣。同時好想念茶餐廳和大牌檔，因為它們是我的comfort place，我很喜歡它們的氛圍。在這些地方總是無人理你，最自在。

2. 最喜愛現居地的甚麼？

德國自由的空氣，而且喜歡當地人有話直說，不轉彎抹角。有事情做得不對時，他們會直接指出，但態度友善。他們大多對事不對人，所以聽到批評不用往心裡去。

3. 有沒有一句關於移民的話，想跟其他小朋友說？

每個小朋友也不一樣，很難想到有甚麼可以跟他們說……不過近一兩年與很多來自移民家庭的小朋友見面，他們都比同齡的更懂事、思考更成熟。我想，小朋友總會有自己的方法去適應新環境。如果一定要說些話，我想跟他們說：世界很大，你有無限的可能；而且記得要多愛惜父母！

好書推介

《人生之體驗》

作者：唐君毅

出版：台灣學生書局

原因：這本書適合一生人不同時期閱讀，它會對應很多人生遇到的問題。作者用一個很簡短的篇章寫出對這些問題的看法，例如論悲哀，悲哀是甚麼一回事？你面對它的時候，要怎麼理解和怎麼處理？是人生的百科全書，我和女兒都很喜歡讀。

〈第四章〉

讓孩子飛翔的
教養方法

Katy Chau

孩子自由飛翔
在乎家長的信任

info

於香港小學及中學教授中文寫作,現任小學Teaching Assistant。2021年與丈夫Ernest攜同子女以承、以信這對孖生兄弟及妹妹以恩（現年分別12歲及11歲），定居於英國劍橋。

　　一石激起千層浪,我城這些年來捲起公務員、醫護人員、教師離職潮,為人師表的 Katy 就是其中一員,是以切身感到「香港不再是一個讓孩子成長的最好地方」;她和丈夫 Ernest 帶著「三寶」移居英國,選定在劍橋落戶。

　　除了考慮當區有較多優質的學校,也因為這個歷史悠久的大學城是個多元文化的城市,對非本土學生的接納程度較高。英國教育鼓勵自主學習,孩子在這個空間怎樣自由飛翔,多少視乎家長對子女的信任和了解。

英國一般按照居住地區來分派學校。初來甫到之時，因為已過了中一派位時間，所以當時 10 歲的以承和以信只能分配至較遠的 village college 上學。哥與弟後來轉校到劍橋市中心與家較接近、排名稍高的公立中學，功課比前一間學校稍多，教學也較為認真。「雖然是排名較高的學校，但公校的功課和測驗都很少；而且每次測驗前，老師反而提醒同學不需要特別溫習。因為只是檢測大家對課堂的吸收程度，毋須太緊張，讀書壓力遠遠及不上香港。」

Katy 提到這裡的公校有一套「分 set 制」，「即是按成績將學生組合成一 set，這一間一級有 3 至 4 set，兩兄弟個別科目成績屬 top set，當中亞洲學生比例也不少。這套方式的用意是因材施教，例如 top set 的會有特定的課程，程度稍為深；然而 bottom set 也不代表是最差，當學習到差不多程度，老師看到學生的潛質或進步，便可以升上去。這種教學方法不是要設精英制，而是讓學生在學習過程中，不會因為感到內容太深或太淺而失去讀書興趣。」

模擬戰爭打鬥學歷史

哥與弟所讀的中學從去年逐步恢復 field trip 活動，每個月都有一兩次，如參觀城堡、看不同形勢的山丘，是他們非常喜歡的上課方式。「例如歷史科教 King Henry VI 朝代一場戰事，老師帶

著同學上山，分成兩隊，各人拿著玩具劍假裝打鬥。他們放學回家後就興奮地告訴我們，打完後已經記住了哪一年打仗、誰跟誰打、為甚麼輸了，完全不需要死記，就可以寫到一篇 essay。」與香港的紙上談兵根本不可同日而語。

孩子享受活動教學的樂趣，英文聆聽和會話也進步得很快。「唯獨英國文學科，因為裡面的詞彙多、布局很深，要怎麼分析人物性格、情節發展如何，用中文讀已經不容易，更何況用英文？兩兄弟在香港讀的是中文小學，所以相對其他的歷史、地理等科目，讀英國文學會較吃力，這科目也是香港來的學生普遍面對最大的難題。」幸好學校提供的學習資源很豐富，網站有齊各個課程的教材。「例如他們剛讀完一本英文小說，便可上網瀏覽書本內容介紹、寫作手法等。老師鼓勵先自行閱讀再參考資料，學生當然可以自己決定是否再進深。」

「除非家長要求孩子的目標是達到牛津、劍橋程度學術水平，那麼就需要付出更多努力。」Katy 不諱言，劍橋不乏催谷型的港媽，將香港的一套搬過來，「因為有些家長覺得學校功課和測驗太少，不知道學了甚麼，沒有安全感，於是還要孩子每日補習、做作業。」所以，道不同不相為謀。「在香港讀書，我們擔心孩子被洗腦、沒有獨立的批判能力；來到英國，學術環境相對自由得多，何必再催谷呢？再者，升上中學後，

他們已經有自己一套學習模式，已經逼不了他們。」家長可以做的是，「如何幫助孩子找出自己的強項和興趣，再加以發展。」

自主學習建基對孩子的信任

Katy 強調在英國自由學術氣氛下，自主學習非常重要。家長需輔以指導方向，如何自由地選擇學習方法；而這種自主，多少建基於家長對自己孩子的信任和了解。「最初來到，他們確實有些懶散，每日放學回來都沒有功課，我們都不知道他們在學校到底學了甚麼。他們都說讀書沒有問題；這時候，身為家長的我們便要相信自己的孩子是有這樣的學習和管理能力，而這份信任源於了解。要夠了解，唯有大家的關係好，他們才會願意跟我們分享——今天在學校做了甚麼事？對事情有甚麼感受？有沒有遇到甚麼困難？」

這種父母與子女的親密關係，從來不是一朝一夕，「其實由三個孩子出生到現在，我和 Ernest 用了很多時間和他們溝通，有時候也很老套，就是選一些合適的時間，跟他們說一些道理。像是最初來到感到他們有點懶散，便會提醒說：『讀書成績好是最基本的，應該要有高一點的宏願，你們是否能夠以自己的學識或思考批判能力去幫助這個世界呢？』我深深覺得，講所有東西都是沒用的，如果大家沒有一個良好的關係。」

性格較開朗、喜歡交朋友的大哥以承會告訴爸媽：校園多了法國籍同學；一來是為了和他們做朋友，二來喜歡看足球比賽的他，當轉播法國球賽，希望能聽得懂評述，從而推動他努力學好法文。「他從一竅不通，到現在，學校寄來獎狀讚揚他的法文成績是最好。」兩夫婦也深知二哥以信是思考型孩子，他的數學科成績一向不錯，除了決心挑戰自己的水平，也希望幫忙其他數學成績稍遜的白人同學。至於還在讀小學的妹妹以恩也很活躍，學校一星期有三日的課外活動，例如足球、羽毛球、跑步，她也會積極參與；她心裡其實很掛念香港的同學。因為沒有其他同學移居到英國，她會跟媽媽撒嬌說，好想回去香港……

反過來，Katy 亦會向孩子們坦承自己軟弱的一面，「媽媽首天上班也戰戰兢兢，好緊張，因為這裡的教學模式、課程內容、師生關係與香港大不同，亦擔心自己教材做得不好。而 Ernest 工作上同樣有他的難處。要讓孩子知道，爸媽亦有困難要面對，我們也跟他們一樣努力融入異鄉社會。」她坦言，很多人憧憬移居後過美滿生活，其實中間不免經歷重重困難，她耳聞目睹不少移民港人家庭悲歌，苦痛不足為外人道也。「以承和以信快要步入青春期，最重要是要有自己的朋友圈子。將心比心，有些正值此階段的孩子離鄉別井，他們未必能夠在異鄉建立友誼，唯有上網打機連接

世界，可是沉迷打機又有機會衍生另一些問題，對於某部分青少年或家庭會是一個危機。」

該坦白時坦白，但有些話，她和丈夫絕不會對孩子說。「不要說：『我們是為了你們，放棄了香港的所有，才移民過來，所以你們在這裡一定要怎樣怎樣……』這樣說，會給孩子太大的壓力啦！小朋友是跟著大人過來，他們是沒

有選擇的。」她會向孩子們解釋，「因為香港現在的情況有變，爸媽覺得不再是讓你們成長的最好地方，所以我們決定要一起移居過來。」而「三寶」也懂事明白。

孩子有值得欣賞時多鼓勵

身為母親的她，常常記著要多欣賞

孩子美善的一面。「孩子每日上課由早上8時到下午3、4時，七、八個小時發生那麼多事，一定有不少衝擊。他們能夠適應到或者沒有抗拒，做大人的，是不是應該要欣賞他們呢？」校園內難免會遇上被欺凌，孩子也會有不開心的時候。「以信跟我說，有一次被同學欺負，以承會鼓勵他說：『你要堅持，因為我們是新來的，怎會有人幫你，如果自己不夠堅強，人家就會欺負你。你不如嘗試認識其他朋友，不要理會那些人，然後祈禱，回家再跟媽媽說。』這件事上，我看到他們想出很多方法去面對不同的問題，很值得欣賞。我跟孩子說：『爸爸媽媽都沒有你們堅強，某些方面我們真的也要向你們學習！』」

儘管孩子經歷過艱難時期，但幸好有老師幫助，又遇上一些好的同學，還有父母的支持，讓他們慢慢融入英國生活。「所有事情都比預期中好，我們非常感恩，但不是每個移居過來的人，都能適應異鄉生活或過得順利。既然神給我們這麼多東西，我們也要做一些事情。」

中文學校教香港口頭禪

從前在香港，Katy任教中學的中文寫作課，來到英國，她希望延續教導繁體中文寫作。「我要求三個孩子每個月分別寫一封中文信給嫲嫲和婆婆；他們通常會寫學校生活，不過愈寫愈少，由最初一版紙到現在只得半版紙。」幸好，在英國的課餘時間較多，連以恩也開始讀金庸的著作，「三寶」都覺得作者很厲害，從文字便能夠讓他們想像出武打場面。「他們閱讀中文是沒有太大問題，只不過寫中文差一點點，真要他們再努力。」

如今，任小學助教的同時，她亦得償所願，在教會特別為移英港人開設的中文學校裡，擔任其中一位中文老師。「最近我在教實用文寫作，這次單元是學校生活，請小朋友講述在英國學校的生活，然後寫一封英國生活片段的信給他們的留港親人；也有請他們分享自己從前的香港學校情況和相片。」她和其他老師計劃稍後在教材中，講述香港廣東話口頭禪的出處。其實現在她也歡迎學生寫作時，口語夾雜白話，「我覺得也是一種承傳，這就是香港的特色。」她還身兼文宣工作，到各間圖書館張貼宣傳單張，「好開心，不單是有以BNO簽證申請移居的孩子來讀，還有在當地出生的港人第二代也報名，他們沒有選擇簡體字和普通話，而選擇了繁體字和廣東話。」雖然只不過是逢星期六早上兩個小時的中文課，「但這是我現時在劍橋生活，最有動力去做的一件事情，我會繼續努力教中文的！」

我是香港人？

我們一家五個人一定都説自己是香港人，香港是我們的根。「三寶」也會跟同學説，自己的家鄉是香港。他們遇到香港人，仍然會説廣東話，對著不懂廣東話的外國人才會説英文。

以承和以信邀請同學返屋企玩，我便會特別煮咖喱魚蛋，告訴同學們這是香港人創作的小吃。兩兄弟又為幾個比較老友的外籍同學，按他們的英文名字來取中文名，又教他們繁體字的寫法，好搞笑。他們亦不忘把香港超人氣男團 MIRROR 的歌曲介紹給同學。他們發揮了説好香港故事的角色，哈哈！

孩子們仍然會很留意香港的消息，同時，我會不時提醒他們，我們之所以能夠來到英國快樂生活、學校功課不多、不用被洗腦……是因為一群哥哥姐姐犧牲了自己的自由和前途而得來。我怕他們在這裡生活太開心，會忘記自己何以來到；我和 Ernest 有時候也會覺得這樣説會掃孩子的興，但我是不會停止説這些話。早前老師罷工兩天，三個孩子沒有甚麼功課，於是重新翻看了反修例運動相關的《蘋果日報》報導及書籍，他們的結論是：「香港真係有好多人犧牲咗！」 尤其兩兄弟快 12 歲了，開始有自己的一套思想，他們都知道香港將來會變成怎樣。

寫給留下來的人

親愛的香港人：

無論在哪裡，好好生活！堅持信念，並將之承傳。

人生，許多時候、許多事情，都要靠這份信念，堅持、堅強地走下去的！

讓我們彼此互勉，繼續關心和愛香港的一切吧！

嘛嘛Anna親手做給以恩的門牌，給她帶來英國。

❀離開時我為孩子帶走了…

我把三個孩子幾百本中文書、小學中文課本，及最後一年的中文習作全部帶過來，因為這些在英國都買不到，而且很有紀念價值。另外還有爺爺、嘛嘛、公公、婆婆送給他們的東西。

❀移居後印象深刻的一幕

我們每天在家自己食物自己煮，孩子們現在絕對不滿足於一碗煎蛋公仔麵，早前他們看 YouTube 學做茄牛通和免治牛肉飯，然後煮給我，都很好吃！加上家裡空間大得多，飯廳對著花園很開揚，他們有時候會將桌子布置得漂漂亮亮，然後坐著慢慢享受食物。

孩子的留言

1.最想念香港的甚麼？

以承：家人及朋友。因為家人他們好錫我，而朋友不論在校內或校外跟我都好好朋友。

以信及以恩：家人、朋友及食物。因為英國學校canteen的食物吃厭了，所以特別掛念香港的食物。

2.最喜愛現居地的甚麼？

以承：環境、學校和人。因為這裡環境大，可以讓我踢足球和玩耍；學校範圍很大，有很多不同的課外活動，而且都是免費，老師對我們很好，經常犧牲時間和我們一齊玩課外活動；這裡認識到的朋友和同學都很好，沒有因為我是亞洲人的背景而對我們不好，而且很容納我們，我們都成了好朋友。

以信及以恩：在英國學習比香港輕鬆，就算成績不好，都可以有其他出路；雖然有考試，老師叫我們不用溫習，但當然我都會溫習。

3.有沒有一句關於移民的話，想跟其他小朋友説？

以承：現在英國的生活開拓了我的視野，我會好好珍惜。

以信及以恩：給移民去英國的小朋友説，你已經很幸運來到一個自由的國家，會好艱難，但只要你撐過去就可以，也不要太內向，應該多認識朋友，他們都好友善，可以找「啱傾」的朋友。

好書推介

《消失中的香港》畫冊

作者：事吉茶記

出版：亮光文化

原因：以紙和筆，透過「以畫會友」，記錄這城市的人、物、事、情，一起去珍惜這個獨特的城市。

Carrie

info

哈佛大學國際教育研
究碩士，曾於香港
任教中、小學及大
專院校超過十年，
Facebook「香港仔
由Grammar轉戰私
校」專頁版主。
2021年初首批BNO
簽證移英，單親媽
媽，兒子「香港仔」
現齡14歲。

哈佛媽媽的意志
從發展遲緩到移英獲獎學金

　　兒子兩歲仍不出聲說話，兩歲半被診斷為全方位發展遲緩、語言發展遲緩、邊緣性自閉症，身為父母，你會怎麼做？哈佛大學國際教育研究碩士畢業的 Carrie，就傾盡所能治療、教育兒子。不出幾年，兒子已與一般小朋友無異。

　　2021 年 BNO 簽證出台，Carrie 更放棄剛升任半年的大專院校副系主任職位移居英國，為覓得英國本地工作諮詢人，不介意做兼職家務助理洗廁所；更花四個月訓練兒子考入擇優錄取的文法學校（Grammar School），接續再考獎學金入讀私立名校。

聽 Carrie 說她的故事，你會詫異於她的學習和適應能力、意志力和育兒方法。全英國有約 5,900 間中學，卻只有 163 間傾向著重學術成績的 Grammar School，問她如何訓練兒子考試，她答：「其實不是靠那幾個月，應該說從小開始已經在訓練，這很難一蹴而就。」

的而且確，兒子兩歲半診斷報告出來，至五年後終於排到政府服務期間，Carrie 前前後後花了 130 萬港幣治療及栽培兒子。當中包括每年一次由教育心理學家做的專業評估，其中有韋氏智力測試、社交能力測試等專業指標；每星期一次接受語言治療師的語言訓練；每星期三次往協康會參與社交專注力小組、自閉症小組等的援助治療；訓練大肌肉發展的單對單游泳班；還有顱骶骨治療。「根據研究，自閉症小朋友的後腦頭骨通常較扁，顱骶骨治療可以協助後腦骨塑型，減低腦內壓，讓腦部有空間發育。不過這只是我大概的理解，我不是這方面的專家。」Carrie 說，其實所有治療只是教了你方法，重點是回家後要「瘋狂幫他練」。「我奶奶也有幫忙，所以我跟她的關係還要比前夫好。那時我是完全沒有社交，但熬過去就好，現在我可以社交了，很開心。」Carrie 笑著輕鬆地說，在香港特訓了兒子六、七年。其實在升讀小學之初那些症狀已近乎完全消失了，所以移英後亦不需接受任何相關訓練。

問 Carrie 如何比較港英兩地對 SEN 兒童的支援，Carrie 說香港的 SEN training 大約每小時 600 至 800 港幣，英國的價錢也差不多。「這裡有 EHCP（Education, Health and Care Plan，教育健康關顧計劃）幫助情況嚴重的小朋友，會提供助教支援學習。學校也會調適課堂安排，可能是以小組形式上課的抽離式學習，或直接讓你轉讀其他科目，甚至有免費校車接送，一對一教游泳訓練大肌肉。但英國的問題是資源緊絀，要政府肯幫你開個 case 是非常困難的。」Carrie 說她認識一些在香港一直吃藥的 ADHD（Attention Deficit Hyperactivity Disorder，注意力不足過動症）個案，在移英後完全不被當作一回事。「這裡的小朋友全部跑跑跳跳，上堂也不會坐定定的。所以（那些香港的小朋友）來到後不被視為嚴重病例就沒藥吃。」

130 萬，對 Carrie 來說絕不是小數目。她帶著孩子移英，也只預備了 50 萬港幣。「離開香港前我剛升了職，每月儲到 $25,000，儲了六個月錢，加上積蓄，馬上就賣手袋賣田賣地過來。」其實 Carrie 說的「賣田賣地」只是比喻，她從來沒有田沒有地，也沒有樓。「為甚麼我買不到樓？因為我用了 130 萬帶孩子到處看醫生做訓練。」Carrie 形容前夫是「豬隊友」，「他認為我為甚麼要迫他，但其實你要去扶正他之後才能知道可以怎麼走，不會走歪路。」相信「無 input 就無 output」的 Carrie 說自

己是一個「開心型的虎媽」，她說：「虎媽的意思只不過是盡量令孩子的潛能發揮得最高，純粹令他多一點選擇，不會被 SEN 這個框框限制了自己，覺得自己不行、自己差過別人。」

的而且確，已經就讀 Grammar School 其實不愁升學，但 Carrie 希望兒子愉快學習，有更多元的選擇，才再訓練兒子考獎學金升讀私校。「Grammar School 的課堂結構其實跟香港差不多，就是每天七堂，每堂 45 分鐘不停地上課，中間有兩個小休及一小時午飯時間，這其實不適合我兒子。他需要活動教學，這方面私校較適合他。還有，私校的資源更好，而且校友的網絡不同，對他將來做事有幫助。」Carrie 指，其實英國普遍的學校也有教最受歡迎的運動，如足球、板球、游泳等。但私校會有更多選擇，「可以玩到風帆、划艇，也有辯論隊。」

爆炸也可以是一項專業

Carrie 說，但由於她財力有限，所以若沒有獎學金和助學金，根本不能踏足私校。「要考六份卷、兩次面試，再加一篇 1,400 字的論文。他中二的時候就要考這麼多東西，除了從小到大的廣泛閱讀，還因為他自己對很多事物有學習熱誠。英國聰明的人太多了，我兒子絕對不是最聰明的那些，但他會對某些感興趣的科目特別有熱誠地去鑽研。

面試後兒子跟我分享，本身有博士學位的副校長問他有沒有甚麼問題想問，他就問 Is the world we see real or just perspective？即我們看到的世界是真實的還是我們心目中的投射？然後引來一大堆討論，身為一個中二的小朋友能問到這個深度的問題，我自己那一刻都感到驚訝。」

獲頒獎學金後，要繼續維持也要一定條件。「獎學金的合約寫明要符合所有行為和學術上的標準，否則可褫奪你的資格。所以我印了這封信在當眼處，提醒兒子克己努力，否則就沒書讀了！哈，我是提醒，不是恐嚇啦！」在 Carrie 用心提醒下，兒子也果真學會自律，「他會跟我說：『媽，我會小心點，交齊功課的。』所以現在我都不用再提了，他知道別人的期望是甚麼，如何自己約束自己。」

Carrie 自認「英文人」，年輕時在外國留學，兒子出生後一直沒聘請外傭，並以英語與兒子溝通，故她與兒子移居英國完全沒有適應問題。「我自己懂法文，他來到要讀法文、西班牙文，我能教他法文，要適應的又少了一樣。」Carrie 說若真要談適應，最初來到的唯一問題，是兒子當時未建立自律習慣。「香港學校管得很嚴，來到當然會變甩繩馬騮，有行為偏差，例如在班房吃東西。還有這裡要你自己管理時間，夠鐘上堂要自己入班房，遲了五分鐘就當你遲到，即很著重你的自發性和自律性，

所以我們都用了大約三個月時間去調整。」

Carrie 說她的移英經驗與期望毫無落差。「期望就是小朋友可以追求夢想，第二就是職業無分貴賤，無論做甚麼職業都可以。」Carrie 說，在英國就算告訴人家你做通渠，也不會有任何負面標籤。「因此我可以讓他探索很多範疇，包括香港沒有的行業和科目，例如航天工程、考古。我兒子本身喜歡炸東西，那他可以讀化學工程呀，炸鐵路隧道，那也是超級高薪的，當然我不一定要他高薪，而是想做可以做到，能夠學以致用。」

哈佛生洗廁所是一種驕傲

不過數到兒子終極要多謝的人，卻是外婆。「我媽才是最終極的開放式教育先驅！那時像我家庭環境的人沒有誰會去學琴的。因為那是高尚玩意，但我媽就力排眾議讓我和弟弟去學。」Carrie 說自己成長受益於教育，因此也希望兒子能享有同等機會。「我父母將所有的錢和精力拋到我們身上，很無私，所以我也一樣。而且最重要的不是錢，是愛和時間。我和兒子感情很好，現在他還會抱抱我。」

Carrie 是出盡全力去愛孩子的媽媽，錢雖然不是最重要，但沒有錢也是不行。Carrie 在美國哈佛大學留學回港後修讀了 PGDE（Postgraduate Diploma in Education，學位教師教育文憑）於中學任教英文，但為想知道小學的教學技巧而曾轉至直資小學任教。及至兒子學習遲緩情況徹底改善後，才轉往大專任職。不過以往的學歷和工作經驗沒有限制了她的適應力。Carrie 移英後首份工作，是到視障人士家中擔任兼職家務助理，「我最驕傲是作為一個哈佛生，我可以去別人家洗廁所。」Carrie 解釋，在英國求職很講究要有本地諮詢人，香港工作離職後的推薦書（reference letter）作用不大，「即使有份工肯請你，他們也會寫一封電郵給你上一份工作的僱主，要他回覆並寫得你好，才會正式出合約給你。」她指一些移英港人不開心，是因為放不下。「其實要有心理準備，將自己放到很低，然後重頭再來。」

在獲得本地諮詢人讚譽後，Carrie 在英國的圖書館找到第一份工作，但因為薪酬偏低，所以轉職往一家大學任職學生事務相關事項。可是由於工作地點離家太遠難於照顧兒子且車費很貴，所以再轉職到另一所離家較近的大學任職 IT（Information Technology）人員。「我現在是 100% work from home，人工仍是不夠生活，但較空閒。」從文科教師到 IT，這跨度也實在太大了吧？怎懂得做？「迫出來的。我美國的工作經驗幫到我，如果你純粹只得香港工作經驗過來英國就較難找到工作，當然也視乎行業。」由於仍是入不敷出，每月欠 6,000 港幣才能收支平衡，所以 Carrie 同時從

事不少兼職，包括補習、教琴、翻譯、移民諮詢、移英入學諮詢等等。「我希望快點再轉工，慢慢縮窄距離。」

Carrie 說她的下一個目標，就是買樓安居。她指英國政府也有首置的置業資助，但那是全球性的首次置業，即你之前在世界任何一個地方曾經置業就不能申請。「我現在其實已過了壓力測試，我等有樓盤推出，就能買一所兩房單位。」不過 Carrie 指這絕不是她的「人生目標」，她說：「我只希望兒子擴闊眼界，當他知道有甚麼選擇，自己可以選擇自己的路，我就不再干涉了。」

我是香港人？

期望就是第一要繼續用廣東話和中文，要知道自己為甚麼會離開香港，離開之後你對香港社會，或者還在香港的朋友有甚麼道德義務。我會告訴他來英國所得到的一切不是信手拈來的，而是背後有甚麼人付出了甚麼代價。我們來這邊成為了少數族裔，沒有了香港本土優勢，而這個香港人身份，其實是因為你沒有了的東西，所以才更彌足珍貴。

我會跟他討論香港的新聞，最近他學校的政治學會在辦模擬選舉，我會告訴他香港的情況讓他能進行比較。那他就會明白，究竟甚麼是我們過去曾經有過，現在的香港卻已經沒有了的。

我曾經看到香港最美好的一面，可惜他生不逢時，看不到。

寫給留下來的人

我認為現在仍然留在香港的家長，主要分為兩批，一是真正擁護國家的，那就沒甚麼好說。另一批是想走卻又走不到的，那就以家庭教育為先吧！但要預備學校教的那一套可能與你自己的教育理念相違背，要靠自己去填補那個空隙。

若本身已是中學生，那他對自由社會應已有一定認知，這空隙還是可以填補的，但若是仍就讀幼稚園，他所接收的一套你會很難去扭轉。以我所知現在已有幼稚園是要求學生綁紅領巾，播國歌時要右手 45 度傾斜手指頭縮進去，攤平手放額頭敬禮。如果你自己是擁抱自由民主思想的話，那就要勇敢一點，犧牲自己的事業或其他往外闖。又或起碼讓子女學好外語，始終那是通往外國的一道鑰匙。

✿ 離開時我為孩子帶走了…

一些中文書，包括有大坑舞
火龍講香港節日的立體書、第一
版《香港民族論》，和《被時代
選中的我們》等。另外是他同學
寫給他的紀念冊和卡等。

✿ 移居後印象深刻的一幕

一個英國的軍事展覽，他有機會坐上一輛二戰退役坦克上，繞了幾個圈。
他是個軍事迷，還可以跟退役軍人聊天，所以這經驗他一輩子也不會忘記。
在香港很多被稱為「毒男」的興趣在英國是很普遍的，也很受歡迎，例如縮
小模型、戰爭角色扮演、棋藝。而且這裡的閱讀風氣很好，你在香港的地鐵
上拿著書讀，人們會覺得你很奇怪，但在這裡卻很正常。

Carrie 帶兒子參與 Battle of Hastings Reenactment 戰事重演活動。

孩子的留言

1.最想念香港的甚麼？
朋友和食物。

2.最喜愛現居地的甚麼？
無論上課時說甚麼，老師都不會直接否定你的想法，你可以自由表達自己的意見。

3.有沒有一句關於移民的話，想跟其他小朋友說？
很不錯，整體來說也比香港自由許多。

✿好書推介

《星雲組曲》

作者：張系國
出版：洪範
原因：這是很具前瞻性的科幻小說，這麼多年前一位文人對社會的預測，套回現代社會卻真的應驗。至於結局會不會是一樣呢？那就要看人類的一念之間如何取捨。

Cat Chan

info

一家人在2015年移民到台灣，James任職IT業，家庭主婦Cat日常照顧現年9歲的兒子朗晞。

最美的風景是人
特殊教育細心滿是愛

　　「台灣最美的風景是人。」對於這句話，劉氏一家三口最能切身體會。從落地找住家開始，到患輕至中度自閉症的兒子能夠享用完善的特殊教育服務，都讓他們深深感覺到「這裡好人太多」！植根台灣八年，生活習慣漸漸跟上當地步伐，也視之為安身立命的家園。

「因為我們想嘗試在別的地方生活。」James 開宗明義說出移民的原因。於是，當年於外資公司的香港分部調到台灣分部，繼續擔任 IT 職務，「而且我們都喜歡台灣。」他很清楚自己何以要離開成長的城市，遷移到另一個地方。

也不是沒有來自親人的反對聲音，而且工資也按台灣生活水平作調整；然而他的心態是，「工作所賺到的錢都不過換成衣食住行，我不覺得在香港賺錢換取到的生活會比在台灣好，在薪金數字上的確是減少了，但是在這裡整個生活質素或開心程度是提高了。」嫁雞隨雞的 Cat 說：「我和他當時都沒有包袱，覺得如果住下去不適應的話，隨時都可以回去香港。」James 認為：「我們會後悔沒有做過的事，但不會後悔做過的事。不要在幾年後才發覺，為甚麼當時我不去嘗試？」

選擇離開也不是沒有其他原因。時鐘撥回 2014 年雨傘運動的時候，警察在金鐘施放催淚彈那天，正好是 James 和 Cat 的結婚周年，所以特別記得那個日子。然後，the rest is history。「當時我對香港人好嬲好失望，覺得香港人其實可以再做多一些。」Cat 憶說。James 也慨嘆道：「那時候我對這件事下了一個結論——香港是一個富裕的地方，很難叫人放棄大部分的東西，去尋求一些虛無飄渺的東西，代價很大，所以結果也是無可厚非。從 2014 去到 2019，香港人思考多了，而這幾年，大家可以做到的都做了，已經值得 appreciate。」

提升身心障礙孩子的能力

2015 年 4 月底，一家三口踏足在台灣土地上，落戶台北，那時候孩子才 1 歲多。「感覺就像是從西環搬去觀塘，沒有需要適應。台北對香港人來說，是較其他國家城市容易適應，想要甚麼都會有……除了潮州魚蛋，我找了很多地方都沒有，自己又打不到。」Cat 說就連家附近的南門市場都找不到。「在適應的問題上，我覺得移民已經是一個重大決定，生活上的只是小問題，遇到甚麼問題就去解決，沒甚麼大不了，不需過分緊張。」James 說，從找第一間房子已經遇到好心人，幫他們上網搜尋到實地考察，以至查核租約到檢查屋內設備，至今經常成為劉宅座上客。「在台灣面對最大的文化衝擊是，好人太多了！」

Cat 坦言八年前還是個新手媽媽的時候，沒有朋輩和長輩的支援，要獨力照顧 1 歲多的兒子。手忙腳亂下，也曾跌入情緒低谷一陣子。及後，兩夫婦慢慢察覺到兩三歲兒子的行為異於其他小朋友，於是到醫院的兒童發展中心做心智及身體機能評估，當時診斷朗晞為輕至中度自閉症患者。「最初知道他有自閉症的時候，我們都在摸索究竟這症是怎麼的一回事？他會有甚麼障礙？我們可以怎樣跟他溝通？」身為父母親的兩

位都認為：「最重要還是怎樣去令孩子的能力提升。」

於是朗晞的早期療育（簡稱：早療）便開始了。「學前時期，大約一星期一至兩次到醫院做一對一的早療訓練；上到幼稚園後，便去診所報讀語言治療及職能治療的課程，這些都可以使用健保。」James 和 Cat 分別詳細解釋，「評定為自閉症患者後，便會有一位社工負責跟進個案，提供學校及相關活動的資訊。而患有統稱為『身心障礙症』的人，都可以申請一張識別證，可享有乘車及參觀政府活動場所等的福利，主要是鼓勵弱勢社群走入社會。我們都覺得支援配套相當完善，很慶幸孩子是在台灣成長。」

「在特殊教育方面，台灣跟香港情況相類似。以幼稚園為例，有主要為中重至嚴重程度身心障礙學童而設的特殊學校，比較集中照顧；有一般公立小學的附屬幼稚園裡設一個特殊教育班（簡稱：特教班），將特教生集中在一班；亦有這類幼稚園普通班裡設一個特教位。而要選擇入讀後兩者，居住的地方必須與學校為同一學區，依志願及條件分數（如：低收入戶、原住民等）派位。到了朗晞適齡讀幼稚園的時候，我們決定讓他入讀啟智學校（台北市立台北特殊教育學校）。雖然他只屬輕至中程度自閉症，但考慮到這間學校照顧和訓練比較全面。以小班教學模式，老師、助教加上護理員與學生比例近乎一比一。

這兩年，我們看著他愈來愈進步。直至現在升上小學，政府仍繼續有安排治療師每三個月跟他上一次課，學習社交及語言溝通。」

兩夫婦不諱言，最初也有本地朋友提醒，入讀特殊學校可能會有被標籤的問題，然而他們認為學校環境對孩子身心成長發展才是最重要。「孩子一直以來沒有遇到被標籤以至被歧視的情況，他 K1、K2 在啟智讀得很開心，老師對他超好！」媽媽就放心得多了。爸爸詳說：「幼稚園主要學社交和自理能力，還未需要學寫字。台灣教育部規定學校為每個特教學生設定 Individual Education Plan，每半年跟家長討論，評估小朋友的能力後，就按哪些方面對他較好，就從那方面著手制定學習課程。」她續說，「啟智的老師真的很有心又有愛，是真的因為喜歡小孩而擔任特教老師，他們有方法令學生成長。」他接著笑說：「老師又跟我們說：『本來幼稚園最受歡迎的是某某同學，但是你兒子來了之後就換成他了。』」她又想起一些趣事：「老師覺得他好可愛，有一次活動找到一件八爪魚公仔衣服給他穿；又有其他班的老師會走到他的班房跟他合照，好愛惜他、照顧他。」爸爸的結論是：「我們說的照顧並不是甚麼都照顧他，而是老師會依他的程度，讓他做一些他應該要做的事，會給他很多學習機會，同時也很照顧他。他們對我們孩子不單只當成學生，還好像家人。」

身為身心障礙症小朋友的真正家人可以做的，除了關心，就是更關心。「朗晞擅於記數字，亦對音樂敏感，卻很少將感受表達出來，但是我會知道他是開心還是不開心，自從他升上傳統小學後就不開心了。」除了要適應由小班變成20多人的大班，還因為在小一、二的時候，孩子被一位經常惡言相向的老師欺凌。「其他家長都安慰我，還叫自己孩子要照顧他。」除了感受到家長與小朋友的愛，Cat 亦樂見台灣社會對弱勢社群的關顧。「像台北及新北市的公園，近年設施改善不少，比較照顧到不同狀況的身心障礙患者，例如訓練肢體協調的繩索、用原木木屑鋪設地面等，而不是硬邦邦一式一樣。」她提到在這裡帶小朋友到餐廳吃飯，大多會有 BB 餐椅、小朋友餐具，就算以前推著 BB 車上街，也沒有那麼大的罪惡感。

「我常常會說，回不去了！」James 說。Cat 直言現在回香港會很不習慣。「從媽媽的角度來看，會覺得在香港和台灣相比，孩子目前在台灣是對他成長好一點，亦只會更加開心。等他長大後，要去其他地方會較易適應，說不定到時我們會去英國呢，去多些不同的地方生活是一件好事。」

James 和 Cat 相信，如今一切是最好的安排。

寫給留下來的人

James：不要為走而走，而是要去一個自己生活得開心的地方。如果去到一個地方，卻要為生活、文化上一堆東西惆悵，反而令自己不開心，那不是有違原意？講真，離開香港無非是希望讓自己開心一點。要是可以的話，最好在那個地方短住一段時間，才決定是不是真的合適，對自己和對小朋友都是好事。

Cat：可能你本身是不想留在香港，選擇去英國又好像是被迫，於是自己要開始一個不開心的生活。我想現在很多香港人都會這樣，真的很矛盾……所以只能跟他們說加油。

我是香港人？

James：我第一個反應會答是台灣人，再說 origin 是香港。因為我現在是在台灣生活，歸屬是台灣。

Cat：記得當去日本旅行的時候，遇到有人問我是甚麼人？我都會想一想，究竟我是香港人抑或台灣人？我又不想解釋得太複雜，難道要說「我是從香港移民去台灣的人」？現在若以歸屬來定義，就是台灣人。

至於朗晞，他知道自己以前在香港出生、住過香港，日後自己慢慢會知道這個身份。一家人仍然會以廣東話來溝通，我們會教孩子講廣東話，他也開始懂得分辨是兩種不同的語言。當他不懂得唸某些字的粵語，他亦會粵語和國語夾雜，而且口音有點像外國人講國語。

很多時候，我們也會光顧香港人開的食店，不是掛念香港的味道，只是想吃而已；但也有一些店，例如之前的「保護傘」，不純粹是為了吃東西，而是會刻意去支持他們。我們也有跟一些香港移民朋友聚餐，例如一起吃團年飯等。

✿ 移居後印象深刻的一幕

　　我們去台南旅行唯一目的就是吃東西，有一次去到吃牛肉湯，朗晞自己可以吃一大碗，而他平時是不太喜歡吃東西的。那次三天行程，吃了七餐牛肉湯，晚上還吃牛肉煲。

孩子的留言

1.最想念香港的甚麼？
婆婆和公公。（媽媽補充：因為他們很疼惜他。）

2.最喜愛現居地的甚麼？
去天文館（台北市立天文科學教育館）。（媽媽補充：因為他喜歡數字也喜歡背數字，例如全球人口是多少？太陽中心溫度是多少？太陽距離地球的距離是多少？這兩年已去過十次八次，沒有事做就會想去，而且持身心障礙者證及陪伴者是免費入場的。）

鄧正健

三子女教養需要大不同
因材施教超越地域

info

香港著名文化評論人，評論文章見諸香港各大媒體，著有個人文集《道旁兒》。2022年與太太及三名子女移居英國小鎮，大兒子Luis現齡10歲、二兒子Carlos 7歲，小女兒Sylvie 4歲。

　　「來了這裡反而讓我明白更多，或考慮多了，第一就是要因材施教。單單我兩個兒子的性格已很不同，學習能力或學習方式也很不同，未必是一種教學模式可以全盤通用，所以要因應不同孩子的特質而調節。」鄧正健說，他過去比較崇尚歐美輕鬆自由的學習模式，可真來到英國生活，卻又有一點點擔心。「香港就比較填鴨，可英國就太自由了。我覺得是不是應該整合兩者的長處？我不知道這擔心是否香港典型家長的心態。」

鄧正健的大兒子 Luis 在香港曾做過一些評估，有專注力不足的問題，但情況輕微，算不上過度活躍；小兒子 Carlos 則有高智能自閉症，即智力正常，甚至某些方面還特別有才華，記憶力很好，但社交能力卻較差，且較遲才開口說話，不太懂與人交流。小女兒 Sylvie 呢？雖沒上述情況，卻有嚴重的食物過敏。

為讓孩子得到最適切的教育，鄧正健在 Luis 升讀小學的時候，就從將軍澳搬到香港島。「他是 2012 年生，那年的出生率很高，考了幾間我比較心儀的直資學校都考不進去，前後花了兩年時間重讀 K3，最後結果還是要跨區，搬房子去找學校，靠派位。」鄧正健說，Carlos 也因為搬遷，加上其特別需要而換了好幾家幼兒園。「曾經讀過半年華德福，因為想過這教育模式會不會適合他，但由於學費很貴，小女兒出生後負擔變重，所以還是轉回了主流幼稚園。」

如此大費周章，可見鄧正健對子女教育的重視。

「有說在英國的藍領社會地位不低，所以做藍領無所謂，對此我是有一點保留的。我在乎的並不是藍領有沒有前途這問題，而是我認為讀書追求知識，是個人修養的問題。我不知道像我這種讀人文學科的人是否傾向思考這些，就是你讀書，你讀大學，你讀哲學，為甚麼要讀哲學呢？就是要思考人生，這會令你成為一個更完整的人，我比較關心這一點。」鄧正健說，他原本計劃安排子女大約在中學期間到海外升學，只是現在把計劃提早了。

英式小鎮生活

鄧正健媽媽是澳門人，所以他有葡萄牙護照，但因為不懂葡語，不知如何生活。而作為以繁體中文寫作的文化專業人才，他也想過去台灣；可是鑑於英

倫敦不難找工作，甚至可自己組織劇團，但在我住的小鎮就不容易。」在小鎮生活，沒有車就甚麼地方也去不了。鄧正健跟許多人一樣為移民而學車，在疫情斷斷續續的路試安排中祈求一次便考上，失敗了便付費搶快期再考。「拿著香港車牌來到英國可直接轉，不用再考。」可誰想到有了車牌，卻仍過了差不多半年沒車的日子？

「原本想來到英國先補鐘，但在小鎮就找不到師傅。第二個問題是買車，你要去車行買，但我沒車，又怎去車行呢？去很近的車行，卻沒有七人車。因為連我外母我們一家有六口，這裡你家裡有六個人會買兩輛五人車，所以拖了很久，最終只能網上買車，付了錢後車會送來我家，給你七天試用期不滿意才退貨。」沒有車的日子，孩子上學就只能踏單車，「大兒子懂自己踩單車，小兒子我們買了一輛類似嬰兒車的東西。由我的單車拖著，後來妹妹讀 nursery 時也有坐。」鄧正健說，因此他也訓練 Carlos 學踩單車，幸好很快學會。

國的教育制度與香港接近，所以最後選了英國，且是只得十幾萬居民的西南部小鎮。「我覺得如果讓小朋友在英語環境成長，我會想他們學較正宗的口音。我真的上 YouTube 查過英國各地的口音，發現整個南部都是比較接近正宗英式口音。」至於何以選擇小鎮，他解釋：「住了這麼多年國際大都會，人煙稠密，我和太太都不太喜歡，可一輩子都沒想過要移民，但竟然要移民了，就想試試不同的東西。」

英國小鎮生活安逸寬廣，卻也有其代價，「會想讓兒子學一些跟電腦有關的課程，例如寫 program，但在小鎮就較難找到老師。」鄧正健說，在此找工作也不易，「我認識一些劇場朋友，在

三個孩子大不同

三個孩子不同性格，鄧正健說明顯

看到在融入英國教育制度時有很大差異。「讓我逐個說，大兒子比較外向，容易識到朋友，很快就跟同學玩熟，但由於專注力不足，在香港時的功課就很亂。其實老師說他的學習能力不差，但不知為何經常好像不專心聽書，時常漏抄手冊漏做功課。」來到英國，常態是沒功課沒考試，鄧正健說所以 Luis 很快就已經說很開心。「在學校上課，回家就玩，他本身英語 OK。作為一個香港學生，他大致上都適應到。但我卻觀察到一個問題，就是因為太開心了，這放任的教學模式，對我大兒子而言是太少規範了。我覺得其實他都不太知道自己學了些甚麼，不用背不用記，沒要求達到某些標準，學了的東西很快又忘了。他是很享受校園生活，但學習上會慢過香港。」鄧正健有點擔心，怕 Luis 升上中學時會追不上，因為英國的中學不會像小學那麼放鬆，也要面對競爭和考試。

「反而小兒子，我觀察他好像沒在香港時那麼封閉，在社交上有好轉。」鄧正健不肯定是甚麼原因，但他的解釋是因為英國的小朋友比較熱情和善良。「我意思是香港的小朋友大多早熟，人細鬼大，我聽過一些跟我仔相類情況的小朋友，升到小學會有嚴重的社交問題，因為其他同學會覺得他很奇怪，甚至會出現欺凌的情況，但英國的小朋友較純樸而熱情，會主動找他玩，跟他的相處很簡單，反而會容易一些跟人家交朋友。人們常問我這裡有沒有 racism 的問題，至今我沒見過，我不敢說沒有，但暫未遇上。」

「至於我女兒，她來到才讀 nursery。性格開始顯露，發現是比我大兒子更加外向，可說是一個超級 outgoing 的小朋友，上學很快就跟同學聊天一起玩攬頭攬頸，很開心。」鄧正健說他沒在香港見過 Sylvie 處於這狀態。「我太太比較憂慮的只是她每次放學回來都很骯髒，整身泥，衣服都濕了。問她做了甚麼？都說去花園玩，玩

甚麼？就說是玩泥、玩水，明明那天下雨，還特意走出去花園玩水，下雪就出去玩雪。我女兒很喜歡這種生活，而這種教育模式又塑造了她的性格，令本身 outgoing 的性格更加 outgoing。」

因應差異的補充練習

鄧正健認為面對不同的教育制度和學習模式，家長可以配合各孩子的性格和需要，在課餘時間進行補充和調節，例如他會花時間去了解英國的課程進度，在網上訂購一些輔助教材或補充練習來替子女們補習，「當然我不想變回像香港那樣，這些補充都是有限度的。」鄧正健說，「上學玩得開心，對個性的發展是有很大好處，但除個性外，你始終需要具體的知識。有人說過，歐美教育的好處是自由，但壞處也是自由，你學到多少就教多少，結果是上到高中時，本身條件好自學能力佳的學生，在自由的環境可找到學習方法，入大學時就容易拿到好成績；但若你的自學能力不高，或學習動機低，加上性格問題，可能會在毫無壓力下讀完整個中學而其實你不知道學了甚麼。當然這又與社會結構有關，在英國你學一門手藝去做藍領，也可以有一個很安穩的生活。」

不過鄧正健希望子女能升讀大學「去達到一個完整的教育過程」。他解釋：「香港好，英國也好，我希望孩子們能涉獵各個科目，在達到某個階段的認知後，有能力判斷和選擇自己感興趣並想繼續鑽研的範疇。」

鄧正健提及因應孩子的性格和能力差異在不同教育制度下的「補充和調節」，絕不限於課本上的知識，他也盡量幫助子女發掘各自的潛能。「我大兒子來到英國，他找到人生第一樣比較投入去做的事情，就是踢足球。」鄧正健說，在英國的足球培訓既專業又便宜，其他的課餘興趣班也一樣較香港收費低廉，「香港小朋友學游泳是 200 港幣一小時，這裡是 300 港幣一個月。學樂器也一樣，很平，我想香港貴的原因是資本主義的競爭，但這裡真的是興趣而已，不是為考甚麼名校要有十八般武藝。」

移居一地，是否能融入當地生活，其一指標是能否用當地貨幣來思考物價。「大兒子初來時會以港幣去衡量和比較這裡的物品價格。我會告訴他，可以比較香港特首是怎樣選出來，英國的首相又是怎樣選出來，但就不要以港幣去比較兩地的價格，如果要說多少錢，就以英鎊來作為 reference point 去理解貴不貴。」鄧正健說，既然已移民，就不需要特意用過去的生活作為參照。「有句話叫身土不二，就是你在這個地方生活，那你起碼和這個地方要有聯繫，直接去理解這個地方就行了，可以不用香港作為比較就不要用。我是很有意識地去這樣思考，或者我是通過提醒小朋友，去提醒我自己。」

我是香港人？

　　其實我來了幾個月，已經在想這個問題。我跟子女的香港人身份可以分開來理解，兩者沒有關係。我自己的狀態是繼續留意香港的東西，包括新聞、Facebook 等，但我有個很強烈的感覺，就是我慢慢跟香港的節奏脫離。這感覺源於我是透過新聞、網絡資訊、朋友信息等來理解現在的香港，卻沒有走在街上親身看看，跟我從網上看到的有甚麼分別。沒有了這種現場感，那種身體的感覺，我不知道是不是慢慢令我有一種抽離感，是一種很緩慢地脫離的感覺。

　　我在英國的移民社群裡不斷聽到很多人說：「我們香港人要團結、我們要捍衛香港人身份、我們要在海外保存香港人的身份，因為覺得在香港是保存不了，因為香港的政治及社會制度已受到蠶食，反而在英國就可以保存到很多東西，例如可以買到某些禁書，可以繼續說一些在香港不能說的話，可以悼念在香港不能悼念的事情，而且還可以連結其他地方的人，例如台灣、加拿大的離散社群，很強烈地可以維繫到那種叫做香港人的身份。」而我身處在這樣的聲音之下，反而有另一種離散感，即我自己和那個離散社群離散了。因為我不是很認同這個說法，反而覺得這個說法給我的幻象感很強，那是為了維繫香港離散群體的社群感，而浪漫化地去描述的一種香港人身份，而其實那種東西是在消逝中。大家都知道，留在香港的人，跟離開了香港的人，大家的生活、大家看到的東西、大家的認知，包括對社會的認知、對香港的認知、對中國的認知、對政治的認知、對文化的認知，兩者的距離只會愈來愈大。

　　我記得我剛剛離開的時候，還有寫一些文章去談怎跨過香港的政治紅線，我還夠膽去寫那些稿。我夠膽寫不是因為我走了，不怕有甚麼政治風險，而是我對這議題還有能力去判斷才敢寫。現在我已不敢肯定自己的判斷是否準確，當然我可以對一件事有自己的判斷，但是我不懂判斷別人的判斷，即例如那些網上留言，我無法判斷香港社會環境的風向。因為我有距離感，不止於政治風向，甚至文化風向我也不敢判斷。香港究竟在流行甚麼呢？為甚麼會流行？我好像慢慢都不知道了。如果我只能靠網上資訊去理解一個地方，那香港，跟台灣、中國大陸對我而言又有甚麼分別？我都只能用一個外來人的角度去看。於是最後的結果是，我們曾經在 2019 年，或過去那十幾年建立的香港人身份，那個曾經感覺很接近的身份，已開始在分裂了，已開始有差異了。

　　所以你問我的香港人身份，我已經不能像以前那樣去談，而是開始很有意識地將自己放在一個離散的位置去說。我不敢說本土身份，我比較敢說的是離散身份。

　　至於小朋友，我沒想得那麼深入，我覺得對他們來說，知道自己從哪裡來，起碼對原生地有充分的認識，包括文化、語言、歷史等。我不會用「傳承」這個觀念，這樣跟上一代要你認為自己是中國人沒分別。我認為身份是由自己尋找而得出的，所以我只會向他們闡明你們的爸爸媽媽是來自香港，你們也是在這個地方出生的，但你們已經在英國生活。你們要認為自己是甚麼人，是你們的選擇。

寫給留下來的人

　　你總有一萬個理由離開，也總有一萬個理由留下。不要只為一兩個理由就草率決定，現在資訊太方便了，肯仔細研究的話，要在決定前先了解清楚異地生活，一點也不困難。

❀ 移居後印象深刻的一幕

　　我可以駕車載太太和孩子到任何地方，而不需要依賴公共交通工具。

給小朋友看的香港地圖。

✈ 孩子的留言

1.最想念香港的甚麼？

Luis：掛念香港的同學、掛念街頭小食，如腸粉等。這裡雖然有得吃，但不容易找，也不及香港的好吃。

2.最喜愛現居地的甚麼？

Luis：沒香港哪麼嘈吵；有香港所沒有的大公園、大草地，可以自由地踢足球，不似香港的公園那麼多限制。學校沒有功課，課堂比香港的自由。

3.有沒有一句關於移民的話，想跟其他小朋友說？

Luis：英國比香港自由。在這裡可以自由地說話，沒有不許說的事。學校生活也很自由，很容易適應。唯一不好的是天氣變化太大，一時晴天一時雨天，冬天也很冷和日照短。

✿好書推介

任何一本關於香港、但在香港已再買不到的書。

歐建樑

info

人稱春麗，前香港娛樂版狗仔隊，於香港任基督教傳道人，現正職紐約神學教育中心網絡媒體宣教差會總幹事，兼職泰國餐廳廚師。與太太Heidi及現年16歲的獨子立行定居於英國蘇格蘭兩年多。

16 年未正式「入學」
三個月適應千年名校

獨生子自出生後做檢測被評估為亞氏保加症（Asperger Syndrome）患者，歐建樑（春麗）與太太 Heidi 憶起自己兒時亦有相同病徵。感同身受的兩夫婦，自然不希望兒子立行在港式填鴨教育下痛苦成長，所以兒子在港 16 年從未進入教育體制，及至移居蘇格蘭才迎來改變。

「我並沒有很大的決心一定要留在蘇格蘭，其實去哪裡都沒有所謂。我的決心是，要陪著我的兒子探索他的世界，看著他怎樣發展成長，有份在他所行的路裡面。」春麗說得斬釘截鐵。

這份陪伴的決心，體現著父母對兒子的承擔。回想孩子年幼時，父母便要作出可能左右孩子一生的教育抉擇。春麗分享道：「我們祈禱中有個感動，兒子不用活在主流教育下，能否走出另一條路？」最終春麗決定讓立行從小以 unschooling 模式就學，沿用名為 Accelerated Christian Education（A.C.E.）系統為課程。

「這是上世紀 70 年代基督教宣教士發展出來，以聖經為基礎，將信仰結合不同學科。源於當時在美國有牧者要去不同地方傳福音，他們的子女不能到正式學校上學，便可利用 A.C.E. 的教材，在任何地方自家教授；美國較普及，在香港則很少人使用。」A.C.E. 在香港被歸類為另類教育，本地有三個持牌辦學團體設有「學校」，立行先後在其中兩所「上學」。「課程不設考試評核，而是學生自己在指定時間內完成不同學科所選取的內容，每日完成一個目標才可到下一個目標，未解決到便停留想辦法解決。」

從 Unschooling 到適應主流學校

然而，如果立行要在香港繼續升讀大學，難免要回到主流教育體系中；所以春麗和太太早有盤算：「到底是兒子一個人去外國升學，抑或一家人一同移居？」2019 年後，背著教會傳道人身份的春麗，因著社會局勢變化，在香港的工作量驟減；同時有感多年以來專注於網絡媒體的宣教工作，根本不受地域限制。時機來到，於是在 2021 年舉家移居到蘇格蘭。

一個從未在主流學校上課、慣於獨來獨往的 16 歲男生，要在蘇格蘭有逾千年歷史的第一所學校 Royal High School，跟千多位學生在同一校舍，過著有系統的校園生活，立行能夠適應嗎？「他適應得很快，英文也沒有問題，三個月便全部 pick up 到了。」這位爸爸回想，也不禁鬆一口氣。「我觀察到他不會很不想上學，我每日看著他從家裡出發，15 分鐘就回到學校。他也會跟我們說，學校環境、科目都沒有問題，也有些課的老師很悶；有遇過被同學欺騙，但也有好的同學。」作父親的豈不知道孩子要面對日常的衝擊，「不過，以我傳道人角度看，其實每個人每一天都在面對困難。」

而當初在蘇格蘭和英格蘭之間取捨，是考慮到 8 月生的立行。如果在英格蘭入學就是中四級，在蘇格蘭則可以讀低一級，不必太早應付中五的考試。事實上，經過兩年來的學習，老師告訴家長，兒子的成績足以升讀大學。「我們回頭看，是過去造就了今天的他。A.C.E. 的學習模式跟外國學校課程銜接，加上蘇格蘭的教育亦很自由，讓他較容易 pick up 到，也證明他在進步。」在蘇格蘭這所學校的自由學習是，中三

開始選課，集中讀五、六科，可以輕鬆地讀書。「有一科 Modern Study，類似政治科，比香港的通識科的層面更宏觀，例如會用整年時間讀第一次世界大戰，學習戰爭的禍害，連繫到今日的俄烏戰爭。他這科的成績很好，另選修喜歡的歷史及 Media，drop 了數學和地理。」

慣於獨處在音樂世界

在立行的世界，耳機能帶他通往心所嚮往的音樂，讓他毋須多言，也毋須跟他人接觸。「他自己獨處，便感覺安全。」音樂以至影像媒體，都是兩父子的興趣，「他小時候，我已經教他剪片。」後來大家各自各做，雖互不知道對方埋頭苦幹的創作或工作，兒子卻是一直深受父親影響；在無形中，音樂隱然成了彼此的回聲。「正因為蘇格蘭的自由學術環境，他可以有更多時間做他喜歡的音樂，像是作曲、填詞。」

春麗不諱言，在香港升學就未必有這種機會。「立行以前說過他的目標是去美國讀書，所以他清楚知道父母是為了他的學業才決心過來。我們給了他一個空間，而這個空間又讓大家的關係更

好。他很享受，很感激我們帶他來到這裡，給他這樣的學習環境，他心底是很感恩，當然他不會經常說出口。」地域擴闊，心的空間自然開闊；心真正得著自由，往往能賦予更多愛的力量。

春麗對兒子的其中一個期望，是和他保持良好關係。「我跟兒子有幾個關係，我是他爸爸，又是他的教練、朋友和師父。我從他小時候便讓他意識到，我有不同角色，也是無可取替。幾個關係中，最享受一定是做父親，因為是最

獨特，是天命。我沒法選擇他，他也沒法選擇我。」傳道人總也有憂慮時，「我和兒子的關係可不可以永遠保持得這麼好呢？或者再好一點呢？」他認為萌生擔心是可以做一些事情的，例如不要讓兒子覺得爸爸很煩很乞人憎。「而我不會只停在擔心的部分，我會改善自己，令擔心不會出現。」

那得從名字説起，春麗本名建樑，兒子名叫立行，各取一字，成為「建立」。「這都是一種信仰價值觀，所有事物都是建立得來，包括關係。有時候，要 make a difference，當我們以為建立是要不停地做很多事情，但其實有些事情，不做才是建立關係，特別是在青年人世代；例如我不會 follow 也不查看兒子的 IG，不 follow 才是最好的 follow，我稱之為『放養』。」

關係因空間而轉變，「來到這裡，空間大了，正是這個放養的理念，但不會因為空間大而失去關係，而是會連繫得更緊。」所以，不只是期望，還是決心。「我是決心想和孩子保持一個永遠好好的父子關係，還有繼續將福音工作做好。」

「感恩是，一路走來其實都是神帶領著，到現在，會見到好像守得雲開見月明，這條路應該是走得正確了。」

太太Heidi和兒子立行一同出席春麗被按立為宣教士的典禮。

我是香港人？

　　有些神學界人士將基督徒流散到世界各地，稱為「流散神學」。我會認同因為香港人經歷 2019 年的處境，但是我不會將此視為神學的論述——就是以色列人被擄、歸回。 從一個基督徒的角度，因為你是天國的子民，我們只是移居，住在哪裡都只是一個地方。

　　對於離散或流散，我覺得只不過因為我們剛好經歷過 2019 年的香港，才突然深刻體會這種離散的感受。其他國家的人早就經歷流散這個狀態，不用說早期的猶太人，在現代，遠的有烏克蘭人，近的印尼工人姐姐，也不都是流散嗎？或者說，2019 年成為一個轉捩點，我們不再停留在一個地域上的身份，香港人身份成為全世界很多香港人共同擁有的一個精神價值或一個籍貫。

　　當我們不只有在香港的才叫香港人，香港人便衍生成為一個族群，貫穿所有香港文化。你看散落在全世界不同地方的香港人，不是在煮廣東菜，而是在做港式味道的食物。香港人將很多香港美食帶到世界各地，現在很多英國港人家庭都懂得做燒肉和叉燒，正正就是連繫著當時的社會文化與歷史。香港飲食

文化就是香港人身份很重要的根。

而就算我人不在香港，也知道香港人在聽甚麼歌、在看甚麼電影，已經超越了 1997 年移民潮的地域上限制，正如張國榮《左右手》一句歌詞「離開了卻散落四周」。我是會聽廣東歌的，而我兒子偶爾才聽廣東歌；不過，因為他近來認識了一位美國的音樂人，大家說到美國 Hip Hop，對方問他，香港的 Hip Hop 是怎樣呢？所以他就上網找香港 Hip Hop 音樂人有哪幾位。他會主動地發掘，源自於裡面是留著香港人的血。

現今在孩子的世代，是網絡化他整個生命。立行改變不了他是香港人、他來自香港、他的文化或語言的既定事實，但其實他是面向整個世界，接觸著世界各地的朋友，香港人身份只是在不同國家的一個 identity。

寫給留下來的人

當我還在猶豫去留的時候，有位早已移居英國的朋友跟我說：「你有沒有決心去那個地方？」如果你決心去那個地方，你就會去到那個地方；你決心留在那個地方生活，你就會留在那裡生活。

究竟留在香港好一些？還是英國好一些？每個人都會秤，所以沒有對與錯，因為每個人有自己的考慮，同一個家庭不同成員都可以有不同的考慮，只是看有決心還是沒有決心。

✿ 移居後印象深刻的一幕

到埗不久，立行同學邀請他參加 Halloween 聚會。我首先考慮是，基督徒慶祝 Halloween 有沒有問題？其次是，晚上 10 點多 11 點去一間屋，會不會是「整蠱」？我和太太都好擔心，結果還是讓他出席，但他堅持不讓我載他去。

去到才知道，原來是一群認識了很多年的本地家長，邀請孩子的同學來聚會，就好像香港人過中秋節一樣，大家吃飯聊天。這次經驗非常深刻，除了是他第一次坐巴士出夜街，還感受到這裡的人真的是好人。立行説邀請他的是一班女同學，她們都很善良，只為了幫他融入當地文化。

孩子的留言

1. 最想念香港的甚麼？
香港美食，因為鍾意。

2. 最喜愛現居地的甚麼？
環境寧靜，周圍有很多郊區可以走動。

3. 有沒有一句關於移民的話，想跟其他小朋友説？
加油！

✿ 好書推介

《育兒秘笈：讀書與培育》

作者：蘇緋雲
出版：協傳培訓中心
原因：蘇緋雲博士是一位基督徒科學家，育有四位天才孩子，在美國十幾歲已經入讀大學。她透過聖經講親子關係和教育孩子，不過本書已經絕版。

Ivy Ma

info

Ivy Ma（馬琼珠），
香港視覺藝術家，丈
夫Charles為美國藝
術家。
2021年4月丈夫先帶
女兒前往美國，同年
7月Ivy與丈夫及現齡
10歲的女兒Zasu團
聚，三人一起展開遊
歷世界的旅程，至今
曾到訪波蘭、希臘、
土耳其、英國、法
國、比利時、荷蘭、
墨西哥、西班牙、意
大利、新加坡、日
本，並持續在旅程之
中。

在地球流浪
最真實的教育是親子生活

在流浪地球的路上，女兒Zasu拍攝各種事
物，Ivy一邊拍攝女兒正在進行攝影的一刻，
成為《影她·她影》（Double Moment）
作品，並在本年初於香港舉行的「花母——
馬琼珠與林兆輝對談展」中展出。

　　當有些媽媽十月懷胎時，已忙著幫孩子研究升學路，甚至報讀著名的幼稚園。
香港視覺藝術家 Ivy Ma 馬琼珠在博覽各種教育及育兒書後，卻選擇了慢慢觀察，
避開過早將女兒 Zasu 填塞在學校的既定權力架構中，而是與褓姆、丈夫三人合力
教養 Home Schooling，讓 Zasu 透過最真實的親子生活日常去學習和成長。

　　「我讀過一本關於 Home Schooling 的書，作者說教育的最終目標是甚麼呢，
是成為一個獨立的人，那怎樣學習、怎樣成長才學懂？其實就是跟著父母去生活，
因為我們就是獨立的人。」Ivy Ma 分享道。

Ivy 形容她與丈夫不是一個「很正常」的夫妻關係。丈夫是個鍾情獨處、熱愛自由的藝術家，過去一直遊歷世界，未曾想過要停留在一個地方過家庭生活；可因為 Ivy 喜愛孩子，所以當二人選擇懷孕之初，已清晰分工：媽媽 Ivy 負責處理所有實際事務，爸爸 Charles 則做個大玩伴。女兒 Zasu 誕生首年，Ivy 大部分時間獨力照顧女兒，丈夫只斷斷續續回來幾個月探望，及至第二年聘得菲律賓外傭褓姆協助照顧，Ivy 才稍為鬆一口氣，但又開始做雙職母親，既要照顧孩子也需兼顧工作。儘管如此，Ivy 也堅持盡量陪伴女兒成長，由褓姆協助下親自教導，不將她送進學校假手於教育體制。

「其實她還未夠兩歲時是有一次入學經驗的。當時我住南丫島模達灣，那裡很荒蕪，走半個小時去索罟灣有一家外國人開的幼兒園。其實只有五個混齡的小朋友一起學習，我讓她在那裡試了三四個月，記得一次我去看她過得怎樣，見到老師教那五個不同年齡的小朋友排好隊去旁邊的遊樂場玩。可那真的只是幾步而已，老師卻花了 15 分鐘堅持要他們排好隊。」Ivy 說，她回家後就一直在思考，其實這麼小的孩子，他們怎樣建立最初的語言，或怎樣認識一件事的呢？「我當時不知道外國的情況，但在香港的學校，很普遍地在入學最初的階段，不是真的實際告訴你關於世界的事情，而是第一樣教你要懂得分辨權力。那位老師叫小朋友排好隊，當時很明顯我的女兒或其他一兩個同學根本連許多概念都未掌握，但你就要求他們排好隊，為甚麼要排好隊？他們並不明白，只是單單在語言上要聽從老師的指令。」Ivy 解釋，老師要求排隊不是甚麼壞事，而且很正常。只是她更希望女兒在真實的環境去經驗和學習排隊，「讓她明白，原來不排隊會很混亂，會撞到人，或令自己受傷，知道背後的原因。」

Ivy 說她與丈夫有共同的價值觀，對於子女在這個社會怎樣長大，皆覺得「放小朋友進去學校可能不是最理想的選擇」。於是 Zasu 從那次幾個月的入學經驗，至離開香港前，一直未再入學。可是不入學，並不等於不學習。Ivy 的姐姐有兩個較 Zasu 年長的女兒。由於她很著重女兒們的學業，所以買了很多書給她們讀，那些書就轉贈了給 Zasu，由 Ivy 和褓姆伴讀。Zasu 的爸爸在她兩歲半的時候，就把一部用舊了的相機送給 Zasu，讓她從小開始帶著相機出門觀察和記錄；而且每當爸爸來港探訪時，就每晚和她看電影，又跟她一起聽不同的歌。「她的音樂庫有很多音樂，電影也是。我發覺電影、音樂和攝影，都是很好的教材，整件事很美好。」Ivy 說。

至於她自己，除了伴讀外，當然是與女兒一起創作藝術。「我自己的影響，除了建立她日常生活的習慣，就是藝術方面。我發現原來藝術不需要是一個科目，甚至跟女兒一起創作的經驗反過來

影響了我的藝術創作觀或習慣，例如跟小孩子一起進行藝術活動，第一件事是需要物料，沒有就要去找，甚至真的沒有就用身體；而物料其實是一個很大的範疇，不同物料有不同的特性，單單說玩泥，泥已經有很多種。所以無論甚麼物料，我們都可以開心地玩一頓，開放和放鬆地去享受，一起研究今次用甚麼物料或顏料、怎樣準備好設計，然後怎樣進行。」

一起遊牧因爸爸想見證女兒成長

及至 Zasu 5、6 歲的時候，她開始假裝寫字。Ivy 說：「可能她很享受假裝自己是大人，會在一本簿上寫一串串像蟲一樣的『字』，你問她寫了甚麼，她卻竟然都能說出來。」於是 Ivy 就跟丈夫商量，覺得應該是時候真的有人去教她語言和邏輯思考，「那不一定是書本上的知識，只是要有特定的人在特定的時間跟她進行教與學。」由於 Ivy 工作繁忙，於是便額外付薪酬予褓姆，讓她安排每天花一小時教女兒英文串字、基本數學概念等。有時女兒不願坐定定去學，也就沒硬性規定上課時間，「我跟褓姆說不要限，教到十分鐘就十分鐘，半小時就半小時。」

提及 Home Schooling，許多人除了擔心跟不上社會的學習進度，還會擔心小朋友無法建立社交能力，但 Zasu 是有

她的社交圈子和好朋友，那就是菲律賓褓姆朋友們帶的孩子。「她兩歲時我們搬到坪洲，在島上的五六年裡面，她發展了一些友誼。」Ivy 說，「他們從小玩到大，後來其他小朋友都相繼入幼稚園，甚至後期上了小學，她就會等其他朋友放學一起玩，大約都有穩定的三四個女孩子，她們會來我家玩，Zasu 也會去她們家玩。」可是隨著 2021 年離港，這些友誼無奈地中止了。

離港的決定，主要原因之一，是 Zasu 的爸爸想見證女兒成長。「由最初只回來幾個月，到每年斷續回來半年。每次見到女兒的改變，都讓他感到很 amazing。有天他跟我說，待女兒 18 歲長大了，就不會再理他了，所以他想找一個方式，讓他可以經常參與，而我自己在生活方面，也有一些東西想改變，所以決定三個人一起走。」Ivy 回憶道。

無論天涯海角也可上網課

未料離港周遊列國漂泊不定，反而成為了 Zasu 尋求相對正規學習方式的契機。「我們三人行，不會常說甚麼 family，而會形容為一個團隊，但對年僅 7 歲多的她而言沒了朋友，父母始終是上了年紀的人。我認為不可以這樣，於是開始在網上找一些不同類型的課程給她。」Ivy 說，剛開始的時候，是一個提供各類型課程的美國網上學習平台 Varsity Tutors，成為會員之後，可以很

自由地選讀一些課程，包括認識認識海洋生物、創意寫作等。「她一試就很喜歡，可能是因為人生第一次上課，真的有一個老師在一小時內教她一個感興趣的題目，而且還有一班人同時間在學，我見她投入的表情，感到她很興奮。」

Ivy 說，Zasu 由最初表現害羞，到慢慢願意開鏡頭發言，讓她感到女兒的學習潛力。於是，Ivy 問女兒最喜歡哪位老師，然後私下聯絡她，讓 Zasu 也有機會進行單對單的學習。「老師問我想怎樣教，我說不如 keep it open，由你跟她 work out，於是老師問她有甚麼想寫，她說她喜歡 myth，於是便開始跟她寫一些 fantasy，創造一些角色。」過去 Zasu 只跟過裸姆學串字，未料真的動筆就能

寫一個故事。「可能是因為累積下來的閱讀經驗，離港後我有跟她一起閱讀，是她讀一頁，我讀一頁，真的讀出聲的，而且她真的喜歡寫。我看過一些文章，說不要特別執著於串錯字，只要她嘗試用語音去拼寫就已經是很好的事，要給她一段時間讓內在的東西出來。如果只要求正確的話，反而可能會中斷了她的興趣。」Ivy 說丈夫近半年與女兒開始了一個 book club，同一本書一人一本一起讀，例如《動物農莊》。

Ivy 的鼓勵方法，是帶女兒一起去文具店挑選她自己喜歡的筆和簿，然後跟她一起去公園畫畫寫寫。「其實都很慘，沒其他小朋友和她一起玩。有時她叫我跟她在遊樂場爬高爬低，我只能跟她說

媽媽年紀大，很難和你玩這些，於是帶了筆記簿，然後坐下，我們自己就說不如寫詩吧。就真的開始寫，雖然我完全沒這方面的能力教她，但可能她在某些地方學了，或曾讀過一些，我就讓她自己去理解和創作。」

2022 年 9 月，9 歲的 Zasu 在流浪中入讀了一所相對正規的英國網上小學 My Online Schooling。早在 COVID 期間興起網課之前，這學校已在網上向全世界授課，「他們的課程是與英國教育制度接軌。」Ivy 說，入讀的時候，她問學校要不要讓 Zasu 入讀較低的年級。因為始終 Zasu 從未正式入學，但學校卻說 9 歲就入讀 Grade 5，於是就直接進去讀 Grade 5。一星期五天，其中四天兩小時，一天三小時的課，內容包括英文、數學、科學、人文學科、體育、閱讀，和包含個人成長、社會、健康和經濟的 PSHE（Personal, Social, Health and Economic）課。「他們上課時我雖然戴上 headphone，但有時會聽到他們在討論甚麼是友誼、責任，甚至 homophobia（恐同症，對同性戀恐懼），都是很貼近生活和當代的議題。」

愛是尊重每一個人的選擇

女兒讀得開心，所以 Ivy 暫時會繼續讓她升讀 Grade 6，「除了學科知識，她進入了 institution，是有規章制度，有時間表。因為她過去一直很自由，是一個 free soul，但還是要學習適應社會的。這是真實的世界、真實的人，我們是放慢了許多腳步，一直在等適合的時機去進入。」Ivy 說她對女兒將來的選擇抱持開放態度，「我跟她說，爸爸媽媽一點都不會框著你之後怎麼走，你無論有甚麼想法都可以隨時和我們說，如果有一天想進入實體學校，在真正的校園上課交朋友，我們也是 totally open 的。」

Ivy 有在曾到訪的波蘭首都華沙找過實體學校的相關資料，當中有不錯的國際學校。「我們是幸運的，Zasu 在美國的爺爺已預備了她的大學入學基金。當然我們自己的遊牧生活就完全靠我們自己。」

那在世界流浪，Zasu 還學到甚麼呢？「都是一些很真實的生活層面的東西，例如我們很自豪能在每個地方的超市找到適合我們吃的東西；另外就是無論在哪個地方，你其實都一樣只有 24 小時，她需獨立地去規劃自己的時間。我覺得這作息規劃令她學到最多東西，尤其是獨立自主。」Ivy 說，遊牧生活其實有很多瑣碎的困難，需要與同伴們磨合和調適，不過經過這近兩年的流浪，丈夫竟然在一次 Ivy 帶著 Zasu 回港的日子，說很想念她們。「你完全想像不到這樣的人，會反過來想加入團隊，我很高興他的這個轉變，在我們一直沒有強迫他的情況下發生。我常和女兒說，最重要是互相尊重。」

我是香港人？

　　學語言的時候，我貪方便，覺得語言最主要是用來溝通，她和爸爸和褓姆都是講英文，所以就沒特別教她我的母語（廣東話）。因此關於身份認同，我也沒特定期望。她喜歡坪洲，或對香港的印象也不可以說不深刻，因為始終在香港長大；不過因為種種原因，我們在她還未夠 8 歲的時候離開了。如果要談論身份，我反而帶著一種好奇，就是像她這樣的經歷，將來會如何理解自己的身份？我們有時也會討論想有一個最終的落腳點，但那不是一個特定的地方，或會不會是香港，而只是想穩定地有一個書櫃、一張桌、一張床。

寄給留下來的人

　　真的辛苦了你們，現在這個現實狀況，會再變得困難一些。但儘管現實情況有變，我覺得大家最需要是陪伴，因為在香港無論小朋友、家長都在營營役役，大家都像為工作為學業身不由己，但我希望無論在甚麼情況之下，都可以多些陪伴對方，這是最重要的。

✿離開時我為孩子帶走了⋯

　　我們沒有特別帶走甚麼。只是旅程開始不久在比利時，我們在公園拾到一隻別人遺留的老鼠毛公仔，於是我們就像收養了它，一直帶著它旅行。

❀ 移居後印象深刻的一幕

在波蘭華沙，我們在公園裡躺於搖搖床等鳥飛。我們去了許多天，也各自在公園畫畫寫東西拍照，能與小朋友坐下來進行這些活動，我覺得很是珍貴。我雖然一直在做藝術，但已 20 多年沒試過外出寫生，離開了香港，才有這閒暇和空間去做。華沙是我們歐洲的第一站，所以特別深刻。

上圖為Zasu拍攝，下圖為Ivy拍攝女兒正在進行攝影的一刻。

孩子的留言

1. 最想念香港的甚麼？
在坪洲的朋友。

2. 最喜愛現居地的甚麼？
在不同的地方遇到不同的動物。（媽媽補充：在
美國的公園我們見到很多caterpillars，那兩個星
期我們天天去那個公園，甚至幫一些caterpillars
改名拍照畫畫，甚至畫成了圖畫書。然後是伊斯
坦堡的貓，有隻貓後來進了我們的家，睡在我們
的床，離開時被鄰居收養了，那是我們去過這麼
多地方唯一仍保持聯繫的人。）

3. 有沒有一句關於移民的話，想跟其他小朋友說？
I don't know.（媽媽補充：後來跟她談，她突
然記起在坪洲上船離開，跟朋友和裸姆說再見的
時候，她哭得很厲害，在整個航程也一直在哭，
停不下來，到現在也很深刻。我才知道原來這種傷感，一直在她的腦海裡面
心裡面，我不知道這將來會成為一種傷害，還是她喜歡寫東西的piece of good
material，但無論如何，我覺得她能夠把這事說出來已很好。）

好書推介

《The Moomins and the Great Flood》

作者：Tove Jansson
出版：Sort of Books
原因：作者經歷了第二次世界大戰，
他把經歷的事情和世界的災難濃縮為
一場幻想世界的大洪水，從中細說戰
爭的陰影，藉此來面對和解決他自己
內心的黑暗面，我覺得很感動。

Catherine Au

info

現為家庭主婦，與丈夫劉健雄、現齡12歲大兒子載載、8歲小女兒包包，自2020年先後經歷赴加拿大及英國兩次移民，現定居於英國中部。

山系家庭體會
二次移民高山低谷

劉氏一家有個「朵」，叫作「Yama Family（山系家庭）」——他們不是在山裡，就是在往山的路上。他們在這兩年多的日子，爬過高山低谷，先後經歷加拿大和英國兩次移民。一家人先在加拿大坐困幽谷，幸而天無絕人之路，跨海抵達英國得以安坐平頂上喘口氣。其中大兒子曾被困於香港教育深淵，如果沒有加拿大第一站的補給站加油，來到英國第二站後，豈會知道苦盡甘來，能夠超越昔日的自己。

3月初在英國下了一場春雪，「下得比冬天的幾次更強勁」。住在英格蘭中部城市的 Catherine 如是說。她在家裡靜待因大雪而提早下課、自行搭巴士回家的大兒子載載，他唸的中學位於家的三英里外，需要轉兩程車。「今日可能要一小時才回得來」，語氣帶點擔憂卻不失平靜。

當下的歲月靜好，是劉氏四口用上幾年的惶惶不可終日換來的。

若然時光倒流到 2016 年，當時從 Happy School 模式幼稚園升上津貼小學的載載，功課一下子暴增至每星期 13 份、一年八測四考，每日上學前，他便出現肚痛、腳痛，甚至眼皮起粒發炎等身體反應。不適情況與日俱增，整個人失去讀書的動力。Catherine 這位全職媽媽自覺日復日擔憂也無補於事，找過社工幫忙，也參加遊戲治療課程，希望循孩子個性來幫助舒緩身心壓力。同時間，丈夫健雄離開傳媒機構，轉向樹藝專業發展。熱愛大自然的他，半年考取了六張證書，一心發展保育事業；然而投身這個行業後，便發覺港府的樹木政策偏向殺樹多於護養樹木。在心灰意冷之下，他唯有轉行當外賣速遞員，只為維持家庭生計。身為同行 15 年的妻子，她只能暗暗地替有學識、有抱負的丈夫未能一展所長而心痛。

一家人尋問如何走下去之際，正值 2019 年的香港也在翻天覆地。這時候，載載的一份寫作功課給兩夫婦一點啟發。「那次老師讚賞他以樹為題目的作文功課寫得很好。」原來是不久前，爸爸帶兒子去過樹林，讓兒子認識甚麼是樹的年輪。「健雄說，因為兒子親眼見過年輪的樣子，而不只是看書，所以能夠寫出真實感受。令我們更明白，小朋友是要走出去看世界。」反修例事件成為強烈的催化劑，兩夫婦深感無法改變大環境，心中認為「是時候離開香港了」。

兩夫婦一心要離開困獸鬥，到異鄉開展新生活，讓孩子們快樂成長。「老實說，我們一家是走難，多於移民。」Catherine 坦言積蓄相當有限。「有朋友跟我說，擔心只有 500 萬港幣在手，移民會不夠用，我真的覺得難聽過粗口。」2020 年底，健雄個人先以工作簽證方式出發到第一站（當時怎會料到有第二站呢？）加拿大溫哥華，寄居在親戚家中。「COVID 期間申請入境加拿大需時較長，到離港前，才得知健雄的工作出了問題……；孩子又怕不知道甚麼時候才見到爸爸，我也不想自己的焦慮影響到小朋友……」半年後，Catherine 終於能夠帶著兩個孩子到加國一家團聚，沒想到卻是另一個惡夢的開始。「一年多寄人籬下的日子，是我們在加拿大最不堪回首的生活……」她不欲多提一段黑歷史，「我會多提醒自己和孩子，要善待身邊的人。」

直至健雄工作的地方「有汗出、無糧出」，連小朋友愛吃的漢堡包也成為

奢侈品,「但他們很懂事,沒有非吃不可。那時候剛好有朋友送了一張漢堡包 coupon 給我們,兩個孩子非常開心,所以實在很感恩。」無奈健雄因失業導致無法獲批居留,於是他們要再次面對何去何從的問題。「我們的積蓄實在非常有限,來到這一關,十成中已經用了六成,剩下四成,再來有出無入,可以怎麼辦?要返回香港嗎?」回想當時處於徬徨之中的自己,「不是沒有想過一死了之」。後來他們決定用相當有限的資源博最後一鋪,用 BNO 簽證方式申請移居英國,嘗試換一個國家生活,「我們已經無得輸了。」

結婚周年日終能逃離加國

回到英國下大雪的午後,當天正好是兩夫婦的結婚周年紀念日;在去年同一天,「我們突然收到英國有關方面通知,第二次申請 BNO 簽證終於獲批了!」一家人當時興奮得不得了,卻也只能瑟縮在人家廚房中,靜靜慶祝 14 周年紀念兼終能逃離寄人籬下的生活。再者,因為曾有過第一次申請失敗的經驗,失而復得更覺彌足珍貴。劉氏一家在一個月後,離加赴英。「我們不是因為有錢而去兩個國家,而是無可奈何的選擇。」Catherine 帶點苦笑說,「像我們家這樣走難兩次的 case,應該不會太多吧?」

來到第二站英國,一家之主深思熟慮後,最終選擇在中部某一城市租房子。除了生活指數相對低,另一原因是這城市四周有山可行,可延續在香港的

家庭活動。想當年在香港，兩個孩子還在學行的時候，健雄和 Catherine 已經揹著他們上山；哥和妹稍大一點，四口子已經用雙腳或兩個輪，征服港九新界各長短難易的行山或踏單車路徑。「在加拿大和英國，最經常的課外活動就是行山和踏單車，偶爾也會露營、玩石澗，外國比起香港有更大的空間讓孩子們親近大自然。」

藉著行山，劉家連繫了不少志趣相投的港人。「在溫哥華認識了一個港人家庭，我們相約去行山。朋友說自己住在當地六年，也不認識這些路線。」皆因發掘行山路線，正是健雄以往在港任職旅遊記者時的工作之一，也是他所喜歡做的事。「我們還發覺在英國所行的遠足徑，它的設計、石級以至四周的樹木，跟香港的衛奕信徑、家樂徑等非常相似，真的有種在香港行山的感覺。」不只可以跟自然共生共玩，健雄亦找到

一份真正保育樹木的樹藝師工作；從他個人 Facebook 的照片分享，看到的不只是吊上半空修樹斬樹工作有多「崖广」（俗寫：牙煙），還見到一個樂在其中的滿足笑容。

　　「虎父無犬子」這句話，老土，卻真實地反映在健雄和兒子身上。「一直以來，爸爸帶著他們去行山、踏單車，經歷自然和城市裡萬千變化，正可訓練小朋友的冒險精神，同時從父親身上學到做人要有意志和勇氣。」Catherine 憶起載載於加拿大入讀 Grade 6 時，「最初兩個星期，每到上學前，他都會說頭痛想嘔吐，當我讓他在家休息，他卻回復精神。」媽媽知道兒子是情緒焦慮，英文是他的死穴。「讀加拿大公立學校有個好處是，知道你是新移民學生的話，便會專門安排英文班，幾個同學一起上課。上了個多兩個月後，看到他有轉變，雖然沒有說很願意上課，但也沒有抗拒，身體亦沒有任何不舒服。」來到英國的第一個上課日，「我比他更擔心，怕他不適應又怕他在學校被欺負；誰知他放學回來卻很輕鬆，我問他為甚麼，他說『可能是有加拿大生活的經驗』。」她

不諱言，「現在要適應英國的生活，對我們來說，比在加拿大過得輕鬆得多。」

兩夫婦見證著兒子整個人在這兩年間像脫胎換骨，「記得載載在香港唸小二的時候，遇上一位對他不好的英文科老師，因而厭惡以至抗拒學習。在這裡，課堂上有不明白的地方，都可以隨意舉手發問，老師和學生之間有較多互動。現在他的英文、數學和科學科都可以進入同級的 top set，得到老師的鼓勵和讚賞。」Catherine 說著，展現了一個滿足的笑容。「我並不是要說我兒子有多厲害，而是他能夠發揮出本身的能力，這才是讓我最開心的一件事。健雄也讚他：『我都話你得㗎啦！』」至於遲遲未出場的妹妹，「妹妹個性和我較相似，比較健談，容易認識朋友，也可能因為年紀小，容易適應新環境，她喜歡參加學校不同的運動課，較不用擔心她。」知子莫若母，「知道兩個孩子也很難捱，但其實給小朋友多經歷幾次，吸取到經驗，便容易面對。」

樹苗要長成大樹前，都需要悉心灌溉施肥，往後就讓它順著自然環境而生吧！

這時候，冒著大雪的載載安全歸家。「孩子在沒有呵護的情況下成長，其實可能是一件好事。」移居英國已經一年，Catherine 終於可以放下心頭大石。「因為最難最難最難的關口，我們一家人都撐過了！」

我是香港人?

我會認定自己是一個英籍的香港人,因為我就是出生於英國殖民地時代,是在當時的教育制度下培育出來的香港人,帶有一種強烈的親切感。孩子每當遇到有人把他們誤當成來自大陸,他們也會說,我們是來自香港。

健雄和我是老派人,會煲陳年電視劇、聽早期粵語流行曲,那是最能直接維繫對香港的鄉情。看《家變》、《網中人》、《浮生六劫》,劇中場景如今都已經面目全非,例如以前尖沙咀鐘樓下真的有火車駛過;《家變》一場接機抑或送機的情節,機場是從前的啟德機場,而不是赤鱲角機場,正好可以重溫,原來舊機場是這樣子、原來飛機是從九龍城上空飛過的。這些畫面是讓小朋友去認識舊香港的一個好方法,尤其對 6 歲就離開香港的小女兒,會更入心。劇集主題曲和其他流行曲,出自黃霑、林振強手筆的詞,才是最漂亮的;劇集影響力之強,當大兒子洗澡的時候也會哼起例如關正傑的歌,可想而知他的腦海會出現一些中文詞彙,其實是好事,假如刻意要他寫中文,他也未必理會你。

寫給留下來的人

如果繼續留在這個地方,你得著有幾多?可不可以看到前景?對小朋友成長的幫助是否有增無減?如果你對一個地方不再留戀,或者已經覺得沒有甚麼希望,那就決定走吧!如果你覺得還是可以,那就繼續留下來。只是,門不是為你常開,自己控制到的就先做,外在的東西沒法控制,說不定到時想走都走不了。

✿ 離開時我為孩子帶走了…

載載帶了《福爾摩斯探案全集》、《老夫子》和科學相關的書,是他以前經常揭完又揭的書。縱使現在不再翻閱,也不會捐出;因為對他來說是情感上的維繫,可能當日讓他讀得很開心,或者曾經在最不開心的時候,讀這些書來慰藉自己。

✿ 移居後印象深刻的一幕

記得準備離開加拿大前，我跟孩子説，到達英國要做的第一件事，就是買一張飯枱。因為在加拿大寄人籬下的日子，我們一家人每日都只能在房間裡的小茶几上開飯。所以來到英國，我要一張飯桌來證明，終於有屬於我們一家的地方。

✈ 孩子的留言

1.最想念香港的甚麼？

載載和包包：在香港住過的地方，和朋友，因為大家曾經一齊玩耍，是成長的回憶。還有和爸媽一同在假日去攀山涉水。

2.最喜愛現居地的甚麼？

載載：無默書和測驗，只要留心上堂，已經應付到學校的assessment。

包包：學校，因為可以成日玩，每日都有多姿多采的活動，例如有時安排著pajamas、帶自己最喜歡的公仔在學校看電影。

3.有沒有一句關於移民的話，想跟其他小朋友説？

載載和包包：英國讀書比香港開心好多，可以邊玩邊學習。

Sharen Lai

info

現為家庭主婦，2020 年與港泰混血兒丈夫 Adam及現齡7歲大兒子 Abram、5歲小女兒Abia移居至清邁。

泰慢學
且戰且走的教育路

　　泰國總予人悠閒慢活的印象。旅行去得多，多少人會想到舉家移居泰國，讓孩子在當地接受教育？不過，Sharen 一家有其先天優勢，因為丈夫 Adam 是港泰混血兒，孩子們有個泰裔嫲嫲，兩名子女來到泰國清邁的國際學校落田學種米。慢慢學，再慢慢摸索下一步的教育路。

早幾年前，這位孩子們的泰裔嫲嫲衣錦還鄉，在泰國清邁頂手一間按摩店，延續她在香港的事業；同時一直游說兒子一家以親屬身份申請入籍泰國，搬來同住，「她常跟我們說清邁有多好多好。」Sharen 與 Adam 一直心大心細，覺得沒有離開的迫切性，豈料 2019 年爆發大型社會運動，接著 COVID 席捲全球，命運就此改寫。

2019 年的催化劑，讓兩夫婦計劃一兩年後帶著孩子動身與嫲嫲團聚，但突如其來的 COVID 卻順水推舟，讓一家四口提早從原來的香港西貢，移徙至泰國清邁落地生根。「2020 年初，我們一家人來泰國 site visit，先停曼谷，到清邁後，本來打算只逗留一星期就回港，但因為當時香港 COVID 爆發太嚴重，我們便打算多觀察一個月再作決定。」這個時候，丈夫下定決心提出「不如就留下來吧」，於是，一家三代五個人便在清邁住下來，直至現在。計劃趕不上變化，相信是地球上所有人這幾年來的共同經驗。

定居或讀書都可以有選擇

Sharen 與 Adam 兩夫婦一直的教育理念，是希望孩子在一個不會有太大壓力的環境下愉快學習。當年在香港選址西貢，也是因為靠近孩子就讀的華德福學校。來到清邁，初心也不變。「我們在這裡找到一間華德福學校，可是位置較偏遠，規模像鄉村學校；而且只用泰文授課，但我們不想孩子零英文上課。如果他們不繼續講英文，久而久之就不懂得怎樣講英文了。」Sharen 心裡是很想孩子接受華德福教育，奈何實際情況與期望有落差。尋尋覓覓，後來給他們找到接近市中心的 Panyaden International School，是一間融合大自然環境的國際學校——以竹作為校舍的主要建築素材、建築物四周被竹林環抱，畫面非常壯麗。「學校主張以玩樂方式讓孩子主導學習，這種模式跟我們心目中那種華德福教育相類似。」於是當時 4 歲的哥哥 Abram、兩歲的妹妹 Abia，便展開他們的泰國校園生活。

學種米和露營體驗

這所學校除了有基本的英文、泰文及數學學科，還有一些別出心裁的科目。像「How to be an expert」是 Sharen 覺得很有趣的一科，「老師會將一班學生分成 baking、art、coding 三組，然後由孩子自己決定想要做甚麼。讓他們在過程中體驗、想像和創作，老師只會從旁協助；例如 Abram 選了 coding，創作一個簡單的 video game。另外名為「life skill learning」的科目，就會學種花、落田製作木頭玩具等。讓孩子印象深刻的，是在校園外圍的稻田學種米，看著稻苗一日一日茁壯成長，是一件叫人感到奇妙的事。「早幾個月到了收成

期，大家一同落田收割，拿起一束一束禾稻用力地把上面的穀粒拋出來，拋滿了整塊地。小朋友雖然並不專業，但起碼讓他們知道，原來米是經過如此過程才能種出來。」

也有香港稱為通識的 Integrated 科，而這一科的課程內容是與其他科目連結，例如奧運會主題，各科老師會圍繞奧運來設計課程。環環相扣，讓學生對主題有全面認識，而不是「斬件式」學習。其中一次是露營主題，不光是睡在帳篷而已，「老師會示範給他們知道，露營需要帶甚麼裝備、怎樣去設置一個帳篷、要哪些工具去設置，也會給他們練習。然後安排一晚，讓學生們在學校草地上感受真正露營的滋味，自己設置帳篷，又在野外煮食，還可以在帳篷裡 sleepover。這些都是日常生活會用得著的事，對孩子是難能可貴的體驗，在其他國際學校也未必能有這樣的機會。」

「香港傳統的教育模式是，老師直接提供資訊給學生，使用平板電腦或從書本吸收知識。這裡的老師卻會 bring you up，透過跟學生玩耍或一些活動，真實地學習；或是老師發問，學生自己思考，要怎樣才做到這件事呢。」Sharen 不是不知道這所學校相對其他國際學校的教學進度為慢，但兩夫婦認同小朋友要循序漸進學習，現在學得慢一點也不要緊。「不過，泰國的教育始終水平不夠高，就算大學畢業也未必得到國際很多地方承認學位。到時候，可能

我們又要計劃搬到另一個國家。」在孩子的教育路上，他們還需要慢慢摸索，可說是一段且戰且走，帶著孩子遊歷世界的教育路。

從水燈節儀式融入泰國文化

學校有國際化的一面，但亦不忘保育本土文化。每當泰國的節慶，如水燈節，學校便會舉行活動。「因為學校是佛教背景，所以他們很注重儀式感，會教學生用香蕉葉包著花像雪糕筒般，插上蠟燭或一些香，然後放在河上，這個放的過程就類似祈願祝福。」

在清邁的日子，不論學校活動或家庭聚會，給予他們一家人的親子時間，遠多於在香港的時候。「Adam 任職髮型師，在香港工作早出晚歸，每星期只能在平日放一天假，我們才有一家人相處的機會；每到周末跟朋友聚會，我就好像單親媽媽帶著兩個孩子，感覺孤伶伶的。來到這裡之後，他工時較有彈性，尤其 COVID 期間，有更多時間跟孩子相處，便可以更了解他們，就連兩夫妻的關係也拉近了。」一家人在一個地方重新開始，自然地互相依賴，感情也比從前更凝聚。

走過三年多，如今在異鄉生活進入平路。Sharen 回想當初突然在毫無準備下，來到一個完全陌生的環境。打從心底感到傍徨，伴隨言語不通而限制了社交活動。不知道從哪裡可以認識朋友所

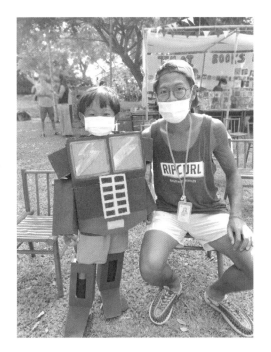

帶來的孤單感，也慢慢適應下來。她由初期抗拒學泰文，到現在去超市買餸，懂得說「膠袋」這些簡單泰文詞語，「我老公現在都笑我，泰文比他厲害了。」怎樣去克服障礙，其實就看自己。讓她更感高興的是，兩個孩子都很適應新生活，「哥哥說，他最老友的都是泰國小朋友。彼此以英文交談，但他和妹妹的泰文已經非常流利。」

離開後更覺自由可貴

一個錢幣有兩面。泰式 chill 生活可以讓人放鬆，也容易讓人變得散漫，取決於每個人的取捨。而在取與捨當中，存在著自由意志。Sharen 說了一件事：「有一次跟一位港人媽媽聊起，她的兒

子以為全世界的人都是自由的，有選擇的權利，覺得自由本是理所當然的事情。我也有思考過他的話——怎樣為之自由？在香港有自由嗎？在泰國怎樣叫有自由或者沒有自由呢？在香港，小朋友要打疫苗才可以上課（編者按：香港教育局曾對中小學實施需完成接種率要求，方可安排全日面授課堂），你就要跟規矩做，這樣已經被人困住了。泰國也會要求老師打疫苗，但不會強迫小朋友一定要打疫苗才可以上學，至少也是有選擇的自由。」要是回到選擇留下與否的人生交叉點，「我還是希望小朋友可以在一個輕鬆的地方、自由的環境下成長。」

我是香港人？

我想這是一個根深蒂固的觀念。始終覺得香港是我們的根，我們就是從香港來的，自然更加肯定我是一個香港人。香港土生土長的 Adam 不會説「我是一半泰國人」，他只會説「我媽媽是泰國人，而我是從香港來的」。

現在如果有人問我的小朋友「你是不是泰國人？」他們都會回答「我來自香港」，他們的意識是，因為他在香港出生；就算知道自己已經有泰國籍身份，也知道自己有四分一泰國血統，但泰國人身份的意識沒有那麼強烈。

儘管有個朋友認為，人在外國，説廣東話和懂中文字是不是真的這麼重要呢？我覺得會説廣東話是必要的，我們在家裡仍然繼續説廣東話。孩子能夠懂中文字就更好，希望他們可以學繁體中文字，起碼要懂得寫自己的中文名字。

寫給留下來的人

大家要想清楚，因為決定由一個生活幾十年的地方去到一個新環境，朋友親戚全部都沒有，是一個很大的挑戰。以我來説，我是可以很快適應新生活，但是仍會覺得很孤單、寂寞，很想和別人用共通的語言去聊天。認識朋友是有難度的，始終在新環境，需要時間才能熟絡。

❀離開時我爲孩子帶走了⋯

雖然最初來泰國的時候很倉卒，但因為每次去旅行，我都會特別為孩子們帶一個枕頭和陪伴睡覺的公仔，所以也一直在用。

❀移居後印象深刻的一幕

最難忘是一起放天燈和放煙花。因為這些在香港都不可以做，在這裡他們可以親身接觸到。

・孩子的留言

1.最想念香港的甚麼？

香港的食物，特別是混醬腸粉。因為很好吃，而且在泰國吃不到。

2.最喜愛現居地的甚麼？

哥哥最鍾意在這裡打網球。因為很喜歡打網球和認識到一群波友。

3.有沒有一句關於移民的話，想跟其他小朋友說？

You should do the favorite things you can only do in Hong Kong before you leave.

Eva Tang

info

Eva和Ricky在香港
分別任職酒店集團及
銀行業IT系統的管理
層;一家人於2020
年12月離港,回流
加拿大並定居於溫哥
華,兩個兒子Ryan
及Ethan現年分別
14及11歲。兩夫婦
一同經營手作天然護
膚品網店「Gifts &
Take」,並設「Gifts
& Take加溫生活學」
YouTube頻道。

回流加拿大重新生活
將希望落實在行動

如今說「回流」,一種是移民外國不適應而回流香港,一種是97移民潮的第二代回流外國。Eva和Ricky屬後者,他們曾體驗過加拿大教育的創意和自由,於是決心帶著兩個兒子離開香港死讀書的教育環境。回流加拿大,心口掛著的是「希望」兩個字。一家人在一個有希望、既舊又新的地方重新開始。

「希望」這兩個字,分量可大可小。兩夫婦希望從自己開始做起,不論身處世界任何地方,都要關心身邊發生的人和事,做一個有貢獻的人。也希望孩子常存一顆同理心,從多年前起,便帶著他們一起遊走香港不同社區參與「平等分享行動」,如今這把火繼續燃燒到溫哥華。

聚散、散聚，這是香港人自上世紀重複又重複做著的事。當年的留學生 Eva 與舉家移民加拿大的 Ricky 在多倫多的校園由相遇到相愛，畢業後相率回港成家立室。當時考慮到在香港的工作機會較多，之後二人拼搏工作多年亦身居要職。

身為過來人的兩夫婦，不是沒有計劃過送兩個兒子回到加拿大升學。Eva 回想：「我自己感受過兩地的讀書環境，香港是死讀死背才叫做溫好書去考試，在加拿大考試則不需要死記太多。」只差在應該等到中學畢業後出發，還是早於中三的時候赴學呢？就要視乎孩子的獨立能力。

大兒子 Ryan 在香港唸小五的時候，就讀的小學舉行過一次學生會選舉，卻令 Eva 懷疑人生。「學校校長很有心，願意讓學生親身體驗一個有助選活動、有候選人辯論、一人一票的選舉，給他們明白甚麼是民主選舉？為甚麼要選舉？」聽著一個小學生道出這個重點，她不禁悲從中來，「當學校教導學生一套正確的價值觀，可是現實社會卻是背道而馳，叫我怎樣去教育孩子？」

直到 2019 年 8 月 31 日，一幕一幕震撼的直播畫面傳送到許多香港人的眼前，「那天之前，我們根本沒想過要連根拔起離開香港，不單是送小朋友去讀書，更是舉家移民。」Eva 憶述。那夜畫面的餘震之強，震動的豈只 Eva 和 Ricky，還有許多同樣半生為著生計勞碌、追求生活平穩，更重視子女教育的專業人士、中產家長。

興趣變事業　不再為生活營役

2020 年回到年輕時代生活過的國度，這次牽著的還有兩個兒子。身為一家之主，Ricky 選擇一家人重新開始的地方是溫哥華而非老家多倫多，除了考慮到氣候較和暖，他還發覺，「這些年來在香港認識的朋友，不論是回流或者新移民過來的，大多數住在溫哥華，然後『藤掟瓜、瓜掟藤』，又認識到更多新朋友。」他了解這些新移民當中，不乏透過加拿大港人救生艇計劃 Stream A 或 Stream B 方式居留的年輕人。「反而在多倫多則是大學舊同學居多。至於抱著工作心態的香港移民家庭，多數會選擇多倫多，因為工作機會相對較溫哥華多。」他一心反璞歸真，笑說，「在溫哥華過的就是簡單生活，想複雜都無辦法複雜。」

「一家人在一個有希望的地方、新的地方重新開始。」Eva 和 Ricky 如此希望；這個希望，由自己作起點，在開展新生活的地方創業，做天然護膚品小生意。Eva 介紹說：「我已考取了香薰治療師資格，於是便想到，不如嘗試做一些天然精油護膚產品來售賣。」將興趣變作事業，同時放下身段，不再為生活營營役役，兩口子分工合作，太太負責

設計和製作，丈夫充當司機送貨，全部在孩子上學時間內完成。「原來這裡有很多港人夫婦，都會將自己擅長的 DIY 手作變成一盤生意。」昔日在香港將家務「外判」，如今重新擔起家庭主婦的角色，為家人預備三餐，讓孩子每日中午打開飯盒期待「當日食乜餸」，圓滿她的成就感。

平等分享培養孩子同理心

在香港出生、現時分別就讀 Grade 8 及 Grade 5 的 Ryan 及 Ethan，也慢慢接受自己將會有一段長時間住在加拿大，兩兄弟也相當適應這裡的生活，特別是因為上學沒有甚麼功課和考試，不過就有 presentation。「從前在加拿大讀書的時候，我見識了甚麼是創意的 presentation，而不是香港學校一本正經模式，很希望自己的孩子都有這種開眼界的體驗。」到兒子第一次做 presentation，做母親的也藉自己經驗借鏡，希望給予他們鼓勵和信心。「起初他們都半信半疑，後來看見其他同學各出奇謀，於是從緊張的第一次，到第二、三次，愈來愈多自己的 idea，會自己帶道具回學校，我看見他們不斷在進步。」

除了在學術上，「我覺得學校很鼓勵學生參與和互助，只要願意嘗試，人人參與機會都是平等的。」Eva 說起孩子在香港唸書的時候，學生需在音樂方面考取到一定的級數，才有資格加入學

校的樂團。「在這裡，讀到 Grade 6 才需要開始學樂器，每個學生選一種，哥哥繼續學長笛，弟弟改 ukulele。小學每年都會舉行 winter concert，每個學生都可以加入 music band，而不需要音樂造詣特別高強才會被選中站在台上。我看到兩個囝可以在台上表演音樂，而且是很願意去表演。這裡每個學生的機會都是平等的。」

說到平等，不得不提「平等分享行動」——一個由香港人 Benson Tsang 燃起的行動，將自己有的，像是食物、日用品以至飯券、超市禮券，透過落區分享去關懷社區裡的弱勢社群，「做得幾多得幾多」，而非傳統的「好人好事」理念。Eva 由 2016 年開始參與，和兩個

小人兒帶著「火柴」（物資）去「放火」（落區分享），久而久之，眼睛就像變成鏡頭，會看得見有需要的人，也成為一家人的生活習慣。「過程中看到兩個囝的同理心，和願意幫助別人。作為母親，我覺得他們做得很好，而且富有同理心的人，也不會壞到哪裡去。」

初到溫哥華，Eva 心裡也在問：「在這裡，究竟我們能否做到平等分享呢？」經過觀察後發現，「溫哥華沒有香港常見到的紙皮婆婆；這裡的無家者大多是比較年輕，當中也有一些可能是醉酒或吸毒者。在未熟悉的環境下，我們還是要顧及自身安全，最好有 Ricky 在身邊才放膽分享。像有一次是在超市外看到一個無家者拖著兩隻大狗，我們就分享些食物給他，還有照顧他的兩隻狗，感覺他也欣賞我們所做的。」她坦言沒有像香港般可以經常做到平等分享，「在香港，紙皮婆婆或無家者較常出現在他們的固定『地頭』，我們容易和他們建立關係；但在溫哥華，有時候開車途中看到街上的無家者，又不能馬上停車下車。但我們還是慣性放一些物資在車上，像冬天會放多些衣服和暖包。」

他們亦了解到是源於福利國家的施政，「很多本地人會認為無家者已經是被照顧的一群，故此我感覺到大眾對弱勢的同情心是不夠的。」所以，兩夫婦在能力範圍內可以做到的，就是從小生意的盈利中捐款來回饋社會。「這也是我們一直對小朋友的身教方式。」

至於孩子長大後會否像父母以前一樣再回流香港？「到他們畢業的時候，如果到時香港社會能夠有公平公正公義，我會鼓勵他們回去；如果他們想留在加拿大，可能多倫多較多工作機會，又或去美國，我都會支持。」

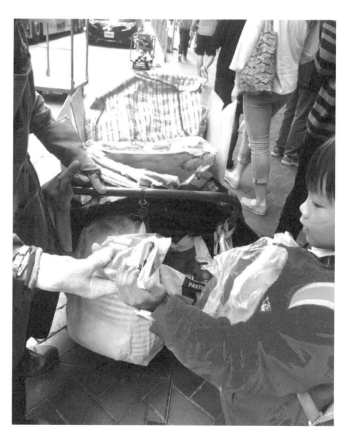

同聲同氣香港人市集

港人精神，還有「香港人市集」。「去年舉行的『香港人市集』是我們來到溫哥華後，所知的第一個以香港人為主題的活動，頗有代表性。」主辦單位是一群溫哥華港人及本地人組成的義工團體「香港屋」，希望藉著市集及其他社區活動，在當地守護香港文化。在朋友的驅使下，Eva 便試著申請成為市集檔主，賣自家手作產品。「主辦單位通知接受我申請的時候，我還未知道，到底會有多少香港人來逛市集呢？」事實是，「不論當地媒體報導或港人圈子的討論度也相當高，而且聽說活動開始兩個小時後已經要截龍，也有人拿著票都不能入場，場面相當墟冚。」而當時置身現場攤檔的她覺得，「令人有一種好像回到香港的感覺！大家會叫喊『香港人加油』，你知道這兩年來大家都不敢說這句話。」她樂見除了新移民港人，也有似是老華僑第二、三代的年輕人。場內其他攤檔擺賣的手作，有用上港式美食、粵語口頭禪以至獅子山作設計意念，「有些產品，如果在香港擺賣可能會被視為『違禁品』，但其實香港本來不是應該甚麼都可以賣，甚麼都可以講嗎？」他們的品牌去年推出檸檬茶味 bath bomb 和獅子型的香薰石，「今年我也很幸運入圍，今次市集限定產品，是一個夜空中閃爍的獅子山畫像球體

燈。」

Eva 自言十分珍惜有份參與香港人市集的機會，除了可以展示自己的心血手作，同時希望藉此凝聚香港人的力量。「我在想，為甚麼以前在這裡讀書沒有這些活動？如果有就好啦！」前人未能做到的，或許就讓這一代將香港人的精神遍地開花吧。

我是香港人？

我們仍然認為自己是香港人，與中國人不同。小朋友想法較簡單，知道以前接受的教育和文化是來自香港，也略知香港曾經是英屬殖民地，他們會覺察到生活的地方和語言上跟香港是大不同。一家人之間一定講廣東話，兩兄弟自己或跟同學交談就會中英夾雜，而學校是鼓勵學生在家講本身的母語。所以我在他們睡房裡特別放了中文書，隨手就可以拿來讀。有機會的話，也希望他們會有興趣和時間學習書法。

以前在香港生活很忙，來到這裡可以有多點時間，看回這幾年來的港產電視劇和電影，最近便入戲院看了《毒舌大狀》；還有一間我們也常光顧的港式點心店，曾經做過一次《飯氣攻心》包場送戲票，我們也受惠入場看了。

另外也有積極投入當地港人組織，如：香港屋、Vancouver Kaifong Association 的活動，除了自己落手落腳做「香港人市集」，也有參與一些集會，譬如在 6、7、8 月份某些特別的日子會舉行展覽，中英圖文並茂，讓不論移民港人或本地人可以對香港實況了解更多。我們都會帶同孩子參加這些港人活動，如團年飯聚餐，讓他們可以認識到其他香港年輕人。

寄給留下來的人

留下來與離開，是見仁見智的事。有些人覺得留下來沒有問題，就乖乖留下來。對於想走而沒有那麼幸運、仍未能走得到，或因為家有長輩而不捨得走，或是認為留下來有問題但仍堅守香港的人，我們想跟他們說：加油、好好保重、一定要平安。

要離開的話，我們覺得只要一個很重要的理由就足夠，就是知道自己為甚麼想走。計劃是需要，不能甚麼都不清楚就去到一個新地方，但也不需要全部算到盡，所有事都有得有失，要調節好心態。如果有小朋友的話，我會鼓勵他們離開。但如果放不下高薪厚職、搵錢機會，我會勸說還是留在香港，因為去到外國未能滿足的時候，難免會有自己犧牲太多、只是為了孩子好的想法出現，到時家庭裡便會出現很多矛盾。

香港已經不可能回到跟從前一樣，希望無論堅守香港或離散海外的香港人，都要思考一下，如果當要重建的話，我們究竟需要一個怎樣的香港？

✿離開時我為孩子帶走了…

　　自己不夠時間為孩子準備，反而我（Eva）媽媽為我們準備了一整套99件的傳統公雞碗、碟和杯。收到的時候心裡便覺得「哎呀，好麻煩」，但現在真的覺得好有紀念價值，而且包括我們在內的每個人都覺得很漂亮、很實用。

✿移居後印象深刻的一幕

　　對我們兩夫婦來說是一家人去露營，這兩年來已經去過幾次，一般都是開車約一個小時距離的地方。來到溫哥華後第一個暑假的 road trip，我們開車去 Calgary 的幾個地方露營，如有 Banff，還去了風光如畫的 Lake Louise，又有遠足看日出。當時世界各地仍在封關，而我們可以本地遊，感覺好幸福。好感恩的是，這是我們第一次和孩子真正放一個暑假，以前從沒有想過可以跟他們一齊放暑假，可以一家人一同經歷很多事，有好好的 memory；雖然辛苦，但趁著孩子還會黏著大人的時候就要去做。

　　對於大兒子來說，是去年夏天去多倫多，和幾位同學重聚。

孩子的留言

1.最想念香港的甚麼？
朋友，因為由細玩到大，好久沒見面。

2.最喜愛現居地的甚麼？
沒有太多功課，又沒有考試。也喜歡滑雪，因為以前要
去旅行才有機會去滑雪，現在就近已經可以滑到。

3.有沒有一句關於移民的話，想跟其他小朋友說？
如果想移民來加拿大，可以來溫哥華啊！

好書推介

《從前，有個香港》
（This is Hong Kong）

作者：Miroslav Šašek
出版：茶杯出版
原因：希望小朋友記得香港，
是從前的香港。

Ling Lui

info

在香港曾任職教師。
丈夫Eric在日本發展
玩具生產及設計事
業，2020年一家四
口移居至東京都，大
女兒Elizabeth現齡9
歲，小兒子Elon現齡
6歲。

移日讀國際學校
盡最大努力去幸福

　　不少香港人認定日本為第二家鄉，「返鄉下」只為食買玩；然而，熱愛「返鄉下」
旅遊，跟在這片土地上安居樂業始終是兩回事。

　　兩年多前移居到日本東京的鄭氏一家，媽媽Ling直言不是「返鄉下」，而是
丈夫為發展玩具業務才選擇移居過來。兩個孩子就讀東京的國際學校，結識本地同
學、學習本地傳統文化。Ling自己也努力學好日文，家庭成員以不同方式融入日本，
看來真的可以將日本變作「家鄉」。

旅行記住的，往往是那個地方美好的一面；非得住下來，與周圍的人與物連結，才會知道那裡是否宜居之處，到底是否自己的安身立命之地。

移居東京前，Ling 和丈夫只帶過兩個孩子到沖繩，並未踏足過日本本島，主要因為擔心會受「東北 311 大地震」的輻射後遺影響，令他們卻步多時。事過境遷，當丈夫家族的玩具製作及設計生意需要拓展，考慮公司應進駐日本或歐洲，最後選擇了時區相近的前者。仍在 COVID 疫情下的 2020 年尾，他們趁當地短期對外開關，便即舉家遷移過來。

日語能力是永住權計分項目

「這裡的生活模式跟以前在香港時沒特別大的轉變。」Ling 說他們一家住在現代化大廈屋苑，出入乘搭新幹線或自駕。「除非住在北海道，每到冬天要鏟雪，那就會有好大分別。」對於第一次來到日本本島，孩子覺得很有新鮮感，「起初還是有來旅行的感覺。」

相比起英國、加拿大，日本並非港人熱門的移居地。以鄭氏一家為例，「丈夫是以工作簽證方式居留，最初獲批居留五年；我們要到第三年的時候，

才可申請『永住權』，即可以在日本永久居留。」Ling 解釋，申請條件中日語能力是其中一項計分項目。她笑言當地大多數港爸是「日文有限公司」，但仍可以其他項目來得分，如做生意即是其中一項。「我們做媽媽的，會比較有時間學日文。」她目前日語能力達二級，「書本學到的，跟實際對話是完全不一樣的。不過日本人都很好，知道我們日文不太好，會遷就講得簡單一點。」

兩姊弟在香港時，從中、英雙語學習環境起步；轉來日本的國際學校，頻道轉為英、日雙語，「學校一般會將非

本地學生編到 non native class，然後按程度再調配。家姐 Elizabeth 學得比較快，現在被編到 native class，跟本地小朋友一同讀日文和日本文化，英文也不錯。細佬 Elon 從前在香港學廣東話的進度略慢，最初來到日本，他講英文也頗吃力，日文更是零。頭半年留意到他比較少說話，他現在仍讀 non native class。幸好老師對他很有耐性。在家的時候，我們會陪他看本地的兒童綜藝節目。我覺得經過了兩年，他們的日語已算得上流利。」

接送孩子上下課、做午餐便當是 Ling 的媽媽日常，同時也藉此與本地人多交流。「很幸運是，第一年來的時候，Elizabeth 的日本同學剛好住在我們家附近，所以接送時會經常接觸到同學的家長。」翌年，她開始加入學校的家教會組織做義工，「和日本媽媽一同幫忙做學校的工作，她們對我有認識，就會很照顧我。但如果我們去例如社區中心，對方知道你是外國人，覺得你不懂得講日文，而對方又不懂得說中英文，一般會出現抗拒的情況，從他們的眼神就可以看得出。這也帶給我們一定的文

化衝擊。」Ling 留意到在公園玩耍，日本家長也會避免讓不認識的人接觸他們的小朋友。「所以我會帶著孩子一同做義工，孩子們便有其他小朋友做伴，會比較開心，也能慢慢習慣本地文化。」

不過，令他們一家感到最衝擊的事，竟是關於吃。「兩個孩子都很喜歡吃片皮鴨，但是在日本要吃到，就只能去中華街著名的餐廳，而且價錢一點都不便宜。午餐大小同價，每位盛惠港幣 500 元，片皮鴨是其中一道菜，而且只得一

片！」Ling 無奈指，日本不少高級餐廳也謝絕兒童光顧，所以他們也只能在回港探親時才順道回味。

孩子依
家長工作地點選校

文化存在差異，日本的教育制度跟香港也大有不同。兩夫婦最初考慮，到底讓孩子讀國際學校，還是本地學校？如果選國際學校，又應該進入哪種學制呢？「的確，日本學校部分學科未夠國際化。本地學校一般要到小學三年級才開始教授英文，算是比較遲，可能源於本土很多工種沒有那麼高要求。同時我們留意到，在本地學校讀書的外國人為了更融入日本人中，他們都會避免講英文。我們為免孩子英文退步，甚至抗拒英文，最後便不考慮入讀日本的本地學校。」Ling 解釋。「至於兩個孩子現時讀的國際學校是實行 IB（International Baccalaureate）學制，沒有細分科目，只分拆出英文、日文和體育科，由一位 Home Room Teacher 任教，以 UOI（Unit of Inquiry）方式教授課程，

譬如 UOI 正在學宗教主題，那麼日文和英文也會圍繞宗教內容來教學，按不同級別設計不同程度的課程。日文課程學語文也學日本文化，之前節慶主題適逢女兒節，便教他們一些應節的詞彙和歌曲；這次宗教主題，老師便帶他們到都內兩個不同的神社參觀。」

這些年來，香港家長對 IB 教學可謂趨之若鶩，而當地國際學校也不乏本地學生，另外來自韓國、中國的也不少。曾經為人師表的她坦言：「IB 學的是 mindset，作為家長，你可以跟孩子交

流多一點、看多一點這個世界的事物；或者跟孩子一同閱讀，延伸他的思考。」她不諱言這種模式也有缺點，「有些家長會覺得，怎麼學校教的課程那麼淺？怎麼每樣功課都是小朋友喜歡做的事？為甚麼反而由我去教導他們？」於是，難免會有催谷型虎媽出沒。「如果，今日你離開香港的原因，是想孩子脫離香港的教育制度，那麼你就選擇適合自己孩子的教育制度的地方；但如果你離開的初心是要到另一個地方工作，那麼只能讓孩子順應在當地接受教育。家長要做的是，考慮當中哪一個教育制度比較好。」

本地遊看煙花、摘香印提子

在日本唸國際學校還有個好處，「就是學校假期通常比本地學校提早放假，可以避開人潮，加上沒有測驗，小朋友不用溫習；總之一到假期，我們就會去日本其他地方旅行，相比起從香港飛過

來方便得多。」

「記得有一次我們去長野的川中島古戰場，途中經過一個公園，原來剛好是煙花祭。於是 Eric 將車開回去，看現場放煙花的那種震撼感覺，我們都看得很開心，因為在香港從來沒有看過。」對鄭氏一家而言，這是四口一同經歷的難忘片段。「另外一次旅行，是去一個台灣朋友在山梨的房子連農田，那裡種了菜、南瓜，還有提子，而且是香印提

子！朋友帶我們去摘，本來說好是逐串收費，他竟然再送了很多串，最後我們四個一共帶走十多串；在香港要三四百港幣一串，所以這次真的很便宜，而且好甜好好吃。好開心！」

Ling 自言帶著兩個孩子到日本生活，對他們來說是一個好的決定。「我們也有衡量過孩子將來的工作。譬如日本職場上的女性地位，因為不論你多屬害，本地大公司還是傾向聘請名校生、男生；但我覺得女生不一定要打工、不一定要在大公司工作，做其他工種也沒有問題。」兒子 Elon 曾跟父母說，他長大後想耕田、養牛。「爸爸跟他說，無問題，只要你喜歡，做甚麼工作都可以。」媽媽則有點傷感，傷感並不是因為兒子的志願，而是傷感於「香港社會灌輸小朋友一種『賺不到錢的工作不要做』的價值」。「就算多有錢都好，也不是不需要工作賺錢。可是實際上，有多少家長真的願意說，支持孩子發展耕種、藝術、音樂為志業？」她看見好些在藝術或音樂領域上有傑出表現的香港年輕人，都是在外國成名後再回來發展。孩子是否需

要出國離開日本，她坦言隨孩子自己喜歡，只是她相信，「如果孩子在香港生活的話，他不會有這個機會。」

日本有句諺語曰：「未來の幸福を確保する最上の方法は、今日できるかぎり幸福であろうとすることだ」，意思是「確保未來能幸福的最好方式，就是現在盡最大努力去幸福」。無論移居往世界任何地方，沒有人知道自己明天會如何？就盡力做好當下可以做得到的事吧！

我是香港人？

我覺得，我們就是香港人、是來自香港的；我沒特別去分自己是中國人還是香港人，於我而言兩者並無分別，但不會覺得是日本人。孩子會知道在身份上是香港人，講廣東話是最重要，因為要跟爺爺、嫲嫲、公公、婆婆聊天，但我也跟他們說，既然來到日本生活，就要學習這裡的文化。

由於我們家是大家庭，所以特別重視過時過節，每到農曆新年、冬至、中秋，我們便會用 video call 兩地連線，十幾二十人逐個 say hello，然後一邊吃飯一邊聊天。雖然大家各散東西，但還是可以用科技來一同做節慶祝、維繫感情。他們那邊吃香港的傳統應節菜式，過年我會做蘿蔔糕，中秋及端午節的話，有些居日港人朋友會自家製月餅、粽送給我們。日本不是買不到月餅，不過要去到較遠的中華街，而且是沒有蛋黃的。

不過，我們大人自己覺得很大機會不再回去香港生活，我估計孩子日後都未必會回香港工作了。

寫給留下來的人

如果要留在香港也沒問題的，但除了賺錢，也需要思考自己能有甚麼改變，因為這個社會正正不容許你有甚麼改變，周圍充斥著一種「你唔得㗎啦」的 frequency。例如對小朋友說：「你讀書罷啦，做其他嘢有用㗎。」其實已經是限制了他的自由，讓他覺得自己真的沒有機會，又怎樣可以令他再進步呢？大人不是不用告訴他這個世界很殘酷，而是趁孩子還小的時候，讓他仍可以抱有夢想，對世界有著希望。

✿ 移居後印象深刻的一幕

看煙花和摘提子之外，就是浸溫泉，因為不用穿衣服，孩子們覺得很有趣。

✈ 孩子的留言

1.最想念香港的甚麼？

流心奶黃包和片皮鴨，還有爺爺、嫲嫲、公公、婆婆。
之前回香港住在嫲嫲的家，她會煮很多東西，而且可以
電視放題。

2.最喜愛現居地的甚麼？

姐姐：Forest adventure，即樹林裡的樹木之間設置一
些歷險體驗，很刺激。

弟弟：日本的玩具，特別是火車玩具。雖然爸爸做玩具
製作，但沒有生產火車玩具，而且東京的商場有一整層
的玩具樓層，開心好多。

✿ 好書推介

《孩子只是卡住了》

作者：王麗芳
出版：天下文化

Josephine Sham

info

音樂治療師,
Melbourne
Bilingual Music
Therapy Services創
辦人。
2015年移民澳洲,現
與丈夫陌先生,3歲女
兒Chelsea,一家三
口居於墨爾本。

難關難過關關過
異鄉港媽的樂與怒

　　Josephine 八年前一心一意到澳洲讀書,沒計劃過移民這回事,未料抵達半年竟成了移民。「我移民可算是被動的,在此地結婚嫁人,就住下了。」Josephine 初到澳洲一個半月便結識丈夫陌先生。他是美國人,與家人在澳洲生活。半年後他們結婚,Josephine 在澳洲建立新家庭,順其自然成為澳洲移民。女兒 Chelsea 於 2020 年出生,今年初剛滿 3 歲,到底一個異鄉港媽,如何養育下一代?

　　一個香港人和一個美國人在澳洲結婚誕下女兒,新一代成員 Chelsea,知道家裡有三個不同身份的成員,也習慣她的家族是來自世界四方八面。「媽媽是香港人,公公婆婆住香港,舅父住日本,爸爸是美國人,嫲嫲住紐西蘭。」

女兒 Chelsea 的降臨，促使 Josephine 的家庭起了角色大轉變，變成男主內，女主外。

澳洲的常見現象，是家中添了小孩，就不可能再是兩個全職工作的父母。澳洲褓姆工資高，很多全職工作父母，其中一人會轉半職或只做三分之一工作，留家照顧子女。當 Josephine 懷孕，她立即想到，孩子由誰來照顧？

由丈夫主導照顧女兒，這是香港家庭少見的，Josephine 感恩丈夫開明。事有湊巧，Josephine 懷孕之際，丈夫的工作剛暫停了，於是與他商量，介不介意留家照顧孩子？丈夫毫不介意，一口答應。「對他而言，做個 stay home dad 沒有甚麼不妥，他本身性格隨和，抱著既來之則安之的態度，是個順其自然的人。」

Josephine 和丈夫初時以為他只需留家數月照顧孩子，卻未想過疫情出現，結果一待就兩年。雖有丈夫肩負照顧女兒的責任，Josephine 坦言有時「只能隻眼開隻眼閉！」

爸爸育兒好壞參半

最令 Josephine 火爆的一次，發生在餵奶事件上。「老公從雪櫃直接取出母乳，沒有暖過，便直接餵給女兒喝。想想都知道母乳有脂肪的，應該暖暖，讓脂肪溶解才餵。」怎知他的反應是「天氣熱，只要搖一搖樽奶便行。」說時更

在她面前示範一次如何搖一搖就 OK。Josephine 當時極為生氣，但想到畢竟日間負責餵奶的只會是丈夫，不能一味苛責他，唯有降下怒火，循循善誘，給他多些指引。

爸爸照顧雖有不完善之處，但也有值得欣慰的地方。「老公有 ADHD，這裡可以在家自學，直到入大學前兩年才返回正規學校受教育。他本身是以興趣做主導學習，教女也是用這套方法。」他會放手讓女兒接觸自然環境，舉例：一落雨，便讓她穿上雨靴，衝到室外玩水、踩水氹，「Play with rain, play with water，是他的教育方式」。

在香港，人家看見毛蟲蚯蚓會走開，

看到孩子一身泥巴會大叫。但老公在澳洲見到蚯蚓，就會叫女兒過來，教她認識蚯蚓的特性、解釋蚯蚓對生態有何作用。仔細跟女兒講解，讓她有敢於嘗試，不怕骯髒的冒險精神。「他這種教育方式很值得欣賞，與我們在香港接受那種填鴨式教育的家長截然不同。」

還好她不是在香港長大

明白丈夫也是 SEN 孩子，Josephine 懷孕時已有心理準備孩子可能會出現同一情況，她留意到 Chelsea 確實展現好動性格，不容易集中，「老師講故事，Chelsea 不會跟其他小朋友圍著聽，總會走來走去，坐不下來。」學校每天會將學生的行為表現詳細記錄，Chelsea 的手冊是最厚的。

「她的行為如果發生在香港的學校，我估計自己每日都要被班主任召見。」

後來得悉她是個資優兒童，明白大班教學不適合她，便請丈夫幫忙找學校。他當然又一貫既來之則安之態度，「我不是在這個地方長大，又不懂這裡的教育制度。」只能摸著石頭過河。幸好很快為 Chelsea 找到一間小規模的幼稚園，以蒙特梭利形式教學，現在 Chelsea 的情緒較以前穩定。

在香港傳統學校長大的 Josephine 慶幸女兒生在澳洲，當地給與特殊學生很多支援。對他們來說，SEN 是正常不過，每班也有的事，有很多配套及幫助孩子

學習的途徑。加上很多時候丈夫能以過來人身份，幫助 Josephine 從另一角度了解女兒，看到一身泥的孩子，Josephine 會趕忙清理，丈夫則會興奮的說「It's sand!」這大概也是一種文化差異吧。

身為香港人，Josephine 有否安排子女上中文班？「沒有，我覺得要讓孩子有 incentive 說廣東話才重要。沒有語境下，她只會失去興趣。所以，我和她相處時，盡量跟她講廣東話，希望她多懂一種語言。」在日常生活中教女兒學習廣東話，更安排女兒每晚與婆婆視像通話，「因為公公婆婆不懂講英文，她要說廣東話，才可以跟他們傾計。」如此一來，Chelsea 會聽會講。最近 Chelsea 的外公外婆來澳洲三個月，Josephine 很開心看見 Chelsea 的廣東話突飛猛進，除了用廣東話講屎尿屁，「有次她還對我說，媽媽我好鍾意妳。」

夢想每省開設雙語診所

來澳洲選讀音樂治療，Josephine 最希望能學以致用，透過音樂作為媒介，幫助不同需要的人，包括在情緒上、溝通上、精神健康問題上的大人及小朋友，「舉例來說：彈奏音樂，並不是為彈出美妙樂曲，而是訓練手指肌肉，或者訓練個人的集中力。」音樂治療的對象，可以是幫助小朋友溝通、青少年情緒、成年人精神健康，甚至老年痴呆。

移民來澳洲的 Josephine，明白移民

家庭的不容易，「近年澳洲的華人家庭服務需求大增，所以我在墨爾本開設一間以中英文雙語的音樂治療中心，幫助有需要的華人。」她的夢想是在澳洲每個省都有一間音樂治療診所，服務更多人。個人的經歷造就 Josephine 明白 SEN 小朋友的需要，更明白幫到孩子等於幫到整個家庭。尤其她看到服務者的母親作為主要照顧者，很多時孩子的情緒與各樣狀況，也會有影響及困擾到家人。因此她在每次服務時主動與媽媽溝通五到十分鐘，舒緩她們的情緒，讓她們得到釋放。

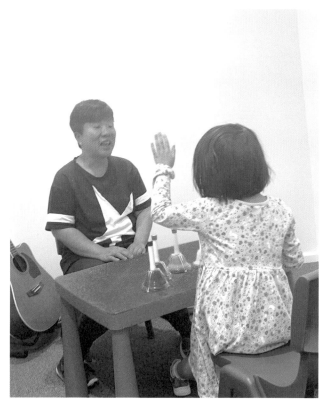

記得要多愛惜自己

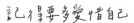

身為音樂治療師，是不是就不需要治療？她坦言平日工作已是對著有情緒問題的小朋友，身心俱疲。回到家裡，又面對一大一小有特殊需要的家人，「有時感覺自己好像沒放過工。」很累的時候，Josephine 也會發艷艷（俗寫：忟憎），大聲說話。有次情緒大爆發，「只是一些平日發生的小事，累積下來，我不記得發生何事，只知自己情緒突然失控大叫起來，嚇得 Chelsea 在一旁哭得厲害，哭了大半小時，丈夫也不知如何是好。」

最後她覺得發脾氣其實是「搵自己笨，我還未生完氣。但看見 Chelsea 哭了，咪又係要哄她，向她講『對不起，是媽媽不對』。」

可幸澳洲當地文化很鼓勵 seek help，即使專業人士也有煩惱，所以她身為音樂治療師，也很注意自己的精神健康，有需要時也會找輔導疏導情緒，這也是她對澳洲很欣賞的地方。

雖然她以「難關難過關關過」來形容她的現時的生活，過了一關又一關的她寄語各位移民家長，「記得要多愛惜自己！」

我是香港人?

　　我當然覺得自己是香港人。我在香港長大,我的家人都在香港。每次出席講座時,都會以香港人作自我介紹,亦覺得是自己 proud of 的身份。但現在我的家已在澳洲,若香港的家沒有發生重大的事,我不會回去。

　　至於女兒 Chelsea,她知道自己在澳洲出生,她的媽媽是香港人,爸爸是美國人。正如之前所講,她的家庭本來就像聯合國。假若有一天 Chelsea 想到香港讀書或生活,我會尊重她的決定。

寄給留下來的人

　　畢竟移民要適應陌生環境,特別是要自己照顧家庭。不再像在香港,可以聘任傭人幫忙照顧起居飲食,一切都要自己做,尤其有小朋友後,更要兼顧各方面。所以先要有這個心理準備才好起行,其他家人始終「遠水不能救近火」,要建立移居地的社交朋友圈,既可以尋求幫助,令自己不孤單獨行。

❀ 離開時我為孩子帶走了...

　　孩子不在香港出世。我只能分享自己準備移民時,帶上甚麼。我與音樂為伍,離開香港時,最不捨得的是家中的一座琴,畢竟它陪伴我 20 多年,是爸爸送給我的禮物,也是造就了今天的我。但它的運費和保險費實在太貴,比起在澳洲買一座新琴要貴得多,最後唯有放棄。

　　最後帶了甚麼來?有次回港收拾東西將一切搬來時,我特別帶了這把開信刀,這是我當年在大學工作時,用來開學生交作業的信封,它陪伴我十多年了,也標誌我以前的香港身份。

✿ 移居後印象深刻的一幕

簡單地與孩子在雨中玩水，
Play with rain, Play with
water 已是最開心的活動。

孩子的留言

1.最想念香港的甚麼？

最掛念香港迪士尼樂園。(媽媽補充：數月前才第一
次帶Chelsea到香港，帶她返香港一星期，結果去了
三次，每次都說要騎旋轉木馬。我自己最懷念在街邊
「篤」魚蛋那種氣氛。)

2.最喜愛現居地的甚麼？

最喜歡去動物園，可以親手接觸動物。（媽媽補充：
最近她喜歡看動物生BB的紀錄片，特別是大象和長頸
鹿。）

✿ 好書推介

任何中文書。透過講故事令小朋
友對廣東話有興趣。
看《National Geographic
Kids》的影片，Chelsea特別愛
看動物生BB，這裡生活的小朋友
都很愛自然、愛動物。

Alex

遊走香港與世界之間的無國界教育

info

曾任職跨國科技企業管理層，並於矽谷和香港創立科技公司，積極參與Hong Kong Professional Network（HKPN）運作。

1984年因工作需要攜家眷赴菲律賓工作，其時女兒7歲，兒子3歲，兩年後再調遷至美國矽谷。

　　2019年後的移民潮，不少家庭抱著極大的決心遠走他方重新開始，但其實香港從來是一個移民城市，不斷有人來，也不斷有人走。有些人甚至乎基於工作需要，帶著「香港人」的身份在世界各地遊走，自道「此心安處是吾鄉」。

　　科技公司創辦人 Alex 便是其中一員，他早在 1984 年帶著妻子和兒女赴菲律賓工作，兩年後 1986 年調遷美國，因利乘便獲得了綠卡，後來卻又攜同妻兒回港開設科技公司，子女所接受的教育也隨之不斷遷徙變更。Alex 的經歷就像是要告訴新一代移民潮下離散的香港人，說不定有天我們會回到香港重新開始，甚至能夠超越國界，成為真正的世界公民。

第一次帶同子女離開香港的時候，Alex 的女兒才剛於九龍塘的根德幼稚園畢業，兒子則尚未入學，遷居到菲律賓始入讀國際學校。Alex 短暫聘請了英語老師為從來未在英語環境生活過的子女補習，希望幫助他們適應改變。「對近年慣用菲傭的港人，可能無此需要。」

Alex 當時從未想過移民，由於工作調遷不定，或會隨時回港，所以亦希望子女持續學習香港文化，故一直設法維持子女的廣東話和中文水平。「我們買了香港的正規課本自己 Home Schooling，那時我太太不用上班，就主力教他們中文和社會科，我們的課程很有結構，做足香港學校的要求，隔一段時間有默書測驗考試，計分送貼紙，很好玩的。」Alex 說。這 Home Schooling 模式一直維持到移居美國，甚至獲得綠

卡之後。「我女兒一直學到小學畢業程度，兒子也差不多。」

不少美國矽谷公司的命運甚或乎最終目標就是被收購，Alex 任職的公司在他抵達美國兩年多後亦不例外，讓 Alex 萌生自己創立公司的念頭，而他坐言起行，本著香港精神努力拼搏、大膽創新，立足矽谷之餘，還將創新科技帶回香港，在成長之地設立分公司。「那年我女兒回港入讀中四，進了 Maryknoll（瑪利諾修院學校），兒子則剛好讀中一，入了莊啟程，所以其實學中文還是有用的。」Alex 回憶說。

從香港到菲律賓再到美國，而在美國因最初的學區公立學校不夠好，Alex 一家又搬屋轉校遷往更好的學區。「我覺得他們適應得很快，最主要原因是學校輕鬆愉快的學習環境，同學都很友

善，會邀請他們去這個那個的生日會，很自由開放，玩的比做事多。」Alex 說。雖然子女的適應能力很高，小時候全沒投訴，但女兒長大了，也曾向他抱怨。「她說：『爸爸，你知道我那時候多辛苦嗎？兩年三年就要轉一次，剛剛認識了一些朋友便要轉到別的地方。』」

歸去來兮，胡不歸？

但其實每一次遷徙、每一次轉校，都用不同方式磨練打造孩子的心志及視野。「女兒回到香港讀書，還拿了個甚麼傑出學生獎，由林煥光頒發，可能是因為她在美國讀書英文好，加上在香港參加了許多活動，她都做得到。雖然一兩年的時間其實很短，但她就一直很懷念香港的日子，也結交了不少香港的朋友。」

Alex 說，至於兒子則屬於好動型，朋友多，所以就算回去較傳統的中學也能適應。

回了香港，亦不等如就要留下。Alex 的女兒中五畢業後，回到美國入讀 UCLA（University of California, Los Angeles 加利福尼亞大學洛杉磯分校）生物系，由於喜歡小朋友，曾想繼續進修做兒科醫生，只是想到當兒科醫生可能會常常服務患病中不開心的小朋友，有感自己心理或許負荷不了，所以最後選讀了幼兒教育，並且在美國擔任老師。

但回了美國，亦不等如就不再離開。Alex 的兒子在香港中六畢業後，回到美國入讀 UC Berkeley（University of California, Berkeley 加利福尼亞大學）經濟學系。畢業後在美國工作了一兩年，有感很多中學同學摯友都在香港，便萌生回香港走走逛逛的念頭，結果在香港找了一份市場營銷的工作。後來又接續在幾家不同的公司任職，甚至留在香港結婚生仔，最近才跟隨太太以 BNO 簽證移居英國。

那為何不是回美國，而是去了英國？Alex 解釋：「他太太在一家大型外資公司工作，公司提供了一個轉往英國工作的機會。決定前我兒子也和我女兒談了許多英美教育的問題，他們覺得英國的教育方式是在美國和香港之間，香港是非常填鴨，美國是非常開放。英國，尤其中小學階段，有相對自由而又具結構的教育方法，兒子擔心兩個小朋友在美國讀書會比較懶，所以決定去英國。」Alex 的孫兒一個 9 歲、一個 6 歲，他指出除上述因素外，美國校園槍擊案的情況也確令人憂慮，尤其在經濟下調的情況下罪案率更有上升，「但也不是害怕到我要移民離開美國，如果要為安全評分的話，10 分滿分，以前是 8 分，現在可能只剩下 6 分半 7 分左右。」不過 Alex 說以自己在美 40 多年，認識最少也百多二百人計，只聽聞有一位朋友曾被人入屋爆竊。

開放自由等同鼓勵思考

至於常聽聞美國校園毒品問題亦嚴重，Alex 則認為只要親子關係良好，家長多了解子女交友狀況，便可防範。「吸毒也是多的，所以家長要知道子女的情況，不是嚴刑拷問，而是要跟他溝通、聊天，認識他學校裡的同學，這會幫到你子女的成長之外，也讓你掌握子女跟甚麼人交往。其實毒品每個地方都有，甚至香港也有，只在乎你有多關心你的孩子，以及怎樣去認識你的子女。」Alex 說歐美家庭習慣辦生日會，無論是受邀出席別人的生日會，還是自己子女生日邀請同學們到來慶祝，都是認識子女與甚麼同學和家庭交往的好機會。

Alex 指出儘管有上述問題，但無論英國或美國，仍給予小朋友較大的發展空間和較多的可能性，「開放自由的教育有好處有壞處，像美國這樣非常開放，好像很放任甚麼也不用做，但這個開放性卻能鼓勵創新發明，就算是小學生也很鼓勵你去思考，這開放和鼓勵創新思考其實是等號來的。」

面對環境的急遽轉變，孩子們最需要的，其實是父母的關心陪伴和溫柔溝通。「如果有一些經驗能跟大家分享的話，我覺得是父母究竟花了多少時間在子女身上呢？他們很小的時候就跟著我們去不同的環境生活，我和太太都很留意，除了工作之外，我們的時間幾乎百分之一百都是和小朋友在一起的，其實這可以說是在離開香港的各種困難中之一大得著。另外，要跟他們聊天，我們家不會電視送飯，而是自小培養吃飯聊天的習慣，大家能有很深入的溝通。到現在這麼大年紀，就發覺很有用，他們現在仍會跟我們分享他們的事，讓我們給一些意見。我覺得一個家庭最重要的，是家人之間的互助，所以其實無論去到哪裡，總之大家一起就沒問題。」Alex 說，父母子女之間，總有起起落落，吵架發脾氣在所難免，「我們只能盡量將這時間縮到最短，感情就會好。」

寫給留下來的友人

現實是在香港的每個人都要決定去或留，都有自己的原因。首先我們必須尊重每個人各自的選擇和背後的原因，但如果你問我，在可以離開的前提下，我覺得今時今日的香港是應該考慮離開的。無論是為了下一代的教育和發展，還是為了自己不在一個太過抑壓的環境之下生存。今時今日在香港，可以不說話就盡量不說話，那代表甚麼呢？代表抑壓，如果你持續在一個很抑壓的環境之下，你不會開心的。

我是香港人？

我們很屬於國際的香港人，有著全世界都可以去生活、去逗留的感覺。其實可以跟香港人說，無論在哪裡都可以是你的家。現在香港暫時不適合自己居住，就先不用管它，只要我們保持香港人的身份認同和心態就可以，即香港人的價值觀念、對自由民主的嚮往，以及香港人的做事方式。我發覺有很多香港人在外國也很成功，這歸功於香港人「打不死」、「唔掂搞到掂」的精神。識執生，這很重要。

當然，無論你在哪個地方，也要想辦法融入社會，這能幫助自己好好生活。其實香港人在價值觀念上一直受西方社會思想影響，所以比較容易融入。另外，就是生活方面，如果你對本地社區樣樣嫌棄，這些事我不鍾意，那些人我不喜歡，只會增加自己生活的困難，所以必須求同存異去融入當地的社會。

子女在家可以要求他講廣東話，當然這有好處也有壞處，好處是能建立他們的香港人身份認同；壞處就是家長要很小心去管理，不要迫得太緊，否則就變成兩兄妹自己用英文聊天，不跟你說話。所以，要有一個平衡。最重要的技巧是友善，不可以板起臉孔，可以跟他說自己聽不明白，問他能否用廣東話跟你說一遍，就是這種較柔軟的方式。我女兒的丈夫是一個 ABC，即美國出生的香港人，結婚後也被我女兒迫他說廣東話，現在我外孫一個 14 歲、一個 11 歲，他們也能說廣東話。

❀ 離開時我為孩子帶走了…

我會反過來想，問孩子有甚麼想帶，盡量滿足他。我們當時給每一個孩子分發了行李箱，讓他們放上自己想帶走的東西給我們看，我們不會說不可以帶甚麼，而是會跟他們說這些東西在那裡能買到，或者有更漂亮、更新的，可以不用帶，好好解釋不帶的原因。

❀ 移居後印象深刻的一幕

外國有很多專為小朋友而設、給他們去 discover 的地方，例如科學館、各式各樣的博物館之類，家長可以帶孩子一起去玩，很不錯。

孩子的留言

1. 最想念香港的甚麼？

兩個子女都不約而同地說，最掛住香港多姿多采的食物，東西南北，世界美食，選擇多又新鮮！

2. 最喜愛現居地的甚麼？

現在生活最享受與家人一起的時間，無論在美國或英國，工餘時間外出應酬都不多，跟小朋友一起的優質時間因而大大增加，同時又會時常跟一些好朋友家庭聚會，大人和小朋友都各自享受。

3. 有沒有一句關於移民的話，想跟其他小朋友說？

移民後盡量享受學校的各種活動，同時帶回家跟爸媽分享。

陸 悅
希望學編輯

約定在鐘擺回頭之時再見

掛念在遠方的他和她嗎？

我們希望學團隊跟許多離散與留下來的人一樣，心裡都很掛念離開了香港、在異鄉生活的一眾親友。

你好嗎？

好想知道，你在那邊過得怎樣？

被這個時代拆散，原來道別是那樣難。

每個時代、每個人選擇離開香港的因由都不盡相同。

1997 年前後的一浪移民潮，送別一個又一個同學，當時少年還不識愁滋味。

2019 年後的這一浪，自己終究也成了離鄉遊子，才懂得文人筆下的鄉愁，原來是可以如此的濃，濃得像熬煮翻滾的老火湯——是，真的好掛住阿媽煲的老火湯。

如果有架叮噹時光機，我會想坐回去 1 歲多的時候，父母親帶著我逃離動亂的大時代，來到仍叫作「東方之珠」的香港；那時候，他們可有想過在這個異鄉落地生根嗎？我想訪問他們，是如何克服新移民在異鄉過新生活的衝擊？言語完全不通怎麼辦？帶著一個甚麼都不吃的大女兒，媽媽到街市買餸有多頭痛？新生的小兒子過度活躍，應該怎樣辦？照顧兩個個性、天資、喜好迥異的孩子，他們有用甚麼教養方法？他們可有掛念自己的兩個故鄉？我好想聽他們娓娓道來，然後我會為他們記錄下來。由衷感謝我的爸爸媽媽，當年懷著勇敢的心帶我到異鄉過新生活。

書本的主角是 30 個移居遷徙家庭，包括兩位出版社團隊成員——社長吳凱霖（Hello Bonnie）與總編輯謝傲霜；當中還有團隊成員的摯友知己、並肩作戰過的工作夥伴、志同道合的友人，也有透過介紹初相識的新朋友，經過尋尋覓覓，大家因緣際會。

正因為各個家庭散落在地球不同角落，身在台灣的團隊成員約訪時間也不分時差，還特別設定了各國時鐘。在台灣的上午主要與時區相近的澳洲、日本、泰國朋

友聯絡，到下午茶時間通常留給吃完早餐的英國朋友，而加拿大則視乎東或西岸，早或晚都方便。

　　說是訪問，其實也像聊天，儘管大家各自對著鏡頭，儘管相隔熒幕（其實是相隔整個海洋），儘管有初次見面的，但每位被訪者都很坦誠分享一家人在異鄉的生活旅程和心路歷程，更有朋友用心地寫下 20 多條問題的答案。

　　他們一邊講，我們一邊聽，像是跟隨著他們移居軌跡走，一路上，或有眼淚，亦有歡笑；以為是困境，卻又帶著祝福；看著孩子們的蛻變成長，父母深感比甚麼都珍貴。每一個訪問，總是百感交集，有些更是意猶未盡。有人聆聽，有故事的人才會開口講；能夠聽好香港故事、散落四周的故事，聆聽其實是得著。

　　身為記錄者，我們希望這些真實而且真誠的故事，可以讓其他離散的香港人知道，儘管離開並散落四周，還是看得見彼此。大家同樣地問題天天都多，然而互相支持、勉勵、守望、圍爐是不少得的。一如那些特別日子，大家一同走在路上揮灑汗水，期望聲音被聽見。

　　在此真的要感謝每一位被訪者，感謝你們願意分享自己的故事，每一個家庭的故事都是獨特的。當每一次讀著文稿，心裡還是有很多感動。能夠有份編寫此書，實在是一份恩典。

　　感謝為本書設計封面的漫畫家也是被訪者之一的黃照達，看著鳥籠形狀的窗口下的鐘擺，想到漫畫家尊子曾說，歷史就像鐘擺，他沒有見過不會回頭的鐘擺。

　　願身處世界任何地方、牆外或牆內，在鐘擺回來之時，每一位歸來仍是少年。

「懇請每天　好好地過安定還是冒險

　　好好掛牽　來日後見」──
〈CIAO〉by RubberBand

在淡水河邊遠眺觀音山，有時會錯覺自己在香港的西貢，其實根本是兩處山河。

異鄉港孩——願歸來仍是少年；30 個移民家庭的教養歷險記

編　　著｜希望學編輯團隊
責任編輯｜吳凱霖
主　　編｜吳凱霖、謝傲霜
編　　輯｜陸悅
記　　者｜吳凱霖、謝傲霜、陸悅、王海瑩、淑兒
文字校對｜黎智豐
照　　片｜由受訪者提供
封面插畫｜黃照達
封面設計及內文排版｜王舒玗
出　　版｜希望學／希望製造有限公司
印製發行｜秀威資訊科技股份有限公司
總 經 銷｜聯合發行

希望學

社　　長｜吳凱霖
總 編 輯｜謝傲霜
地　　址｜臺北市民生東路三段 130 巷 5 弄 22 號 2 樓
電　　話｜02-2546 5557
電子信箱｜hopology@hopelab.co
Facebook｜www.facebook.com/hopology.hk
Instagram｜@hopology.hk

初版一刷｜2023 年 7 月
初版二刷｜2023 年 8 月
定　　價｜430 台幣
I S B N｜978-626-97512-0-4

客服專線｜0800-221-029
法律顧問｜華洋法律事務所 蘇文生律師

國家圖書館出版品預行編目 (CIP) 資料

異鄉港孩 -- 願歸來仍是少年；30 個移民家庭的教養歷險記 / 希望學編輯團隊著 .-- 初版 .--
臺北市：希望學，希望製造有限公司，2023.07

　　面；　公分

ISBN 978-626-97512-0-4（平裝）

1.CST: 移民 2.CST: 子女教育 3.CST: 通俗作品

577.67　　　　　　　112009088